A VIDA SECRETA DOS NAZISTAS

Universo dos Livros Editora Ltda.

Rua do Bosque, 1589 – Bloco 2 – Conj. 603/606

CEP: 01136-001 – Barra Funda – São Paulo/SP

Telefone/Fax: (11) 3392-3336

www.universodoslivros.com.br

e-mail: editor@universodoslivros.com.br

Siga-nos no Twitter: @univdoslivros

PAUL ROLAND

A VIDA SECRETA DOS NAZISTAS

HISTÓRIAS OCULTAS DO TERCEIRO REICH

São Paulo
2018

Grupo Editorial
UNIVERSO DOS LIVROS

Diretor editorial: Luis Matos
Editora-chefe: Marcia Batista
Assistentes editoriais: Aline Graça e Letícia Nakamura
Tradução: Felipe CF Vieira e Monique D'Orazio
Preparação: Cely Couto
Revisão: Plínio Zúnica e Giacomo Leone Neto
Arte: Aline Maria e Valdinei Gomes
Capa: Valdinei Gomes

Dados Internacionais de Catalogação na Publicação (CIP)
Angélica Ilacqua CRB-8/7057

R648v

Roland, Paul
A vida secreta dos nazistas : histórias ocultas do Terceiro Reich / Paul Roland ; tradução de Felipe CF Vieira, Monique D'Orazio. - São Paulo : Universo dos Livros, 2018.
264 p. : il.

ISBN 978-85-503-0285-0
Título original: *Secret lives of the Nazis*

1. Guerra Mundial, 1939-1945 2. Alemanha – História 3. Nazismo
I. Título II. Vieira, Felipe CF III. D'Orazio, Monique

18-0102 CDD 940.548509

Índices para catálogo sistemático:
1. Nazismo - História - Alemanha

SUMÁRIO

Introdução **7**

A galeria dos vigaristas **9**

CAPÍTULO UM
Sexo e drogas: dois pesos e duas medidas **15**

CAPÍTULO DOIS
Os capangas de Hitler **63**

CAPÍTULO TRÊS
O grande enganador **163**

CAPÍTULO QUATRO
Bandidos à solta **181**

Göring, Goebbels e Hitler: não há honra entre ladrões **209**

Vinho **221**

Fontes **231**

Referências bibliográficas **233**

Índice remissivo **237**

INTRODUÇÃO

Adolf Hitler e os líderes nazistas conspiraram para cometer alguns dos crimes mais hediondos da história, pelos quais os membros do Reich que sobreviveram à guerra foram julgados no Tribunal Internacional Militar de Nuremberg, em 1946. Entretanto, os acusados formalmente e aqueles oficiais do regime que fugiram da justiça cometeram incontáveis atos de tortura, assassinato, roubo, sequestro, abdução e intimidação, pelos quais nunca foram responsabilizados.

Enquanto exigiam sacrifícios do povo alemão para financiar uma guerra que poucos no círculo interno de Hitler achavam possível ganhar, eles próprios desfrutavam uma vida de privilégios e poder, adquirindo inestimáveis coleções privadas de arte saqueadas de depósitos da Europa e acumulando vastas fortunas pessoais roubadas dos países conquistados e de suas incontáveis vítimas.

Göring, Goebbels, Von Ribbentrop e outros importantes nazistas justificaram o confisco de mais de 500 milhões de libras em barras de ouro dos bancos na Europa ocupada citando leis internacionais, que garantiam aos vitoriosos a posse do espólio de seus inimigos derrotados. Mas, como revela *A vida secreta dos nazistas*, a escala da pilhagem servia aos propósitos de uma série de intenções veladas. O roubo sistemático dos ativos de cada nação e de indivíduos selecionados era, na realidade, parte de um plano mestre para desmoralizar os inimigos vencidos e financiar as ambições alemãs de conquista do mundo. Até mesmo o genocídio dos judeus pode não ter sido cometido apenas por uma questão racial, mas também pela avidez em roubar todas as riquezas de um povo.

A vida secreta dos nazistas expõe a natureza criminosa desse regime brutal e corrupto e seus conflitos internos mortais, que se intensificavam à medida que sua liderança competia entre si pelos favores do Führer e lutava para impor sua autoridade em uma administração tão instável e autodestrutiva quanto seu líder.

A GALERIA DOS VIGARISTAS

JOSEPH GOEBBELS, O MANIPULADOR cínico da opinião pública e patologicamente egocêntrico, explorou sua posição como Ministro da Propaganda para ter uma série de casos clandestinos com belas estrelas de cinema e mobiliar seus escritórios e apartamentos com inestimáveis tapeçarias, antiguidades e obras de arte pagas com o orçamento do Ministério do Reich.

Apesar da imagem de braço direito de Hitler, que Goebbels fazia questão de cultivar, o ministro foi excluído de todas as decisões importantes e se sentia profundamente perturbado pela evidente admiração exacerbada de sua esposa pelo Führer. Mesmo após o casamento, o ministro passava noites em claro atormentado pela ideia de que a mulher se casara com ele apenas para se aproximar do déspota.

Hitler, por sua vez, manipulava astuciosamente a lealdade extrema de seu discípulo tecendo elogios ao homem que era chamado de "anão peçonhento" por seus inimigos, devido à baixa estatura causada por uma deficiência neurogênica (atrofia no pé direito). Goebbels buscou compensar sua deformação física criando uma personalidade poderosa e alimentando seu insaciável apetite sexual, deitando-se com incontáveis mulheres e relatando tais conquistas em seus volumosos diários. Embora fosse um colérico antissemita, ele manteve um longo caso com uma atriz judia e anotava obsessivamente todas as vezes em que se deitava com ela. Goebbels era desprezado pelos outros líderes nazistas e os detestava por isso, o que explica o ódio destilado contra seus rivais políticos, principalmente Göring, a quem descreveu como um "pedaço de merda congelada".

Alfred Rosenberg, o "filósofo" nazista que criou o mito da superioridade da "raça ariana", era menosprezado tanto por Göring quanto por Goebbels, que não suportavam sua bajulação sicofanta de Hitler e sua reclamação incessante de que teria sido excluído do círculo íntimo do Führer. Apesar de seu papel como ideólogo do regime, era mais um membro da administração que ignorava as próprias doutrinas quando lhe convinha: seu antissemitismo virulento não foi suficiente para que se desse ao trabalho de esconder sua amante judia. A despeito da hipocrisia, o conselheiro se torturava pelo fato de que ninguém na liderança nazista levava suas teorias exóticas a sério. Até mesmo Hitler considerava suas ideias antissemitas um "lixo ilógico".

Martin Bormann, o secretário privado de Hitler, era unanimemente desprezado pela elite nazista por impedir o acesso ao Führer. Um implacável causador de intrigas, ele manteve arquivos secretos sobre as indiscrições cometidas por seus rivais e aqueles que coagia a se tornarem informantes. Embora sustentasse a imagem pública de um dedicado homem de família, Bormann convenceu sua esposa a compartilhar o lar com sua amante e aceitar que ele tivesse mais filhos com ela. Ele foi estratégico em processar o clero com acusações falsas de corrupção e abuso sexual que levaram ao descrédito da Igreja e substituição do cristianismo pela ideologia nazista, além de ter sido o principal instigador da "Solução Final", que determinou o assassinato sistemático dos judeus e o roubo de suas riquezas pessoais.

Hans Frank, o sádico governador geral da Polônia, viveu como um príncipe em um palácio opulento enquanto presidia uma nação escrava. Ele protestou contra execuções sem julgamento sob o argumento de que feria o sistema judicial nazista, porém ordenou pessoalmente o aprisionamento de judeus nos guetos e seu subsequente extermínio.

Heinrich Himmler usou sua influência como chefe da SS e da Gestapo para supervisionar o roubo de milhões de libras em propriedades tanto de judeus quanto de não judeus, além de comandar o sistemático confisco de instituições financeiras na Alemanha e países ocupados. O ex-fazendeiro de aves tornou-se o mais temido homem do Terceiro Reich, com poder de vida ou morte sobre milhões de pessoas, tanto dentro da Alemanha quanto nos territórios ocupados, onde sua "elite" da SS assassinava sob o domínio da impunidade.

Embora se declarasse um homem bem casado e marido fiel, ele teve um longo caso extraconjugal com uma secretária, que lhe gerou dois filhos. E apesar de ser descrito por seus subordinados como um puritano, o comandante tinha um interesse anormal na vida privada de seus homens que beirava o prazer voyeurístico, além de conduzir o sinistro programa de procriação compulsória *Lebensborn* (A Fonte da Vida), no qual homens da SS recebiam uma companheira pré-selecionada para reproduzirem a "raça pura" ariana. Quando o projeto fracassou em produzir uma prole suficiente, Himmler ordenou o sequestro de dezenas de milhares de crianças com traços arianos vindas dos territórios ocupados.

O Reichsführer-SS também presidiu o programa de esterilização forçada que submeteu 320 mil mulheres alemãs saudáveis a operações invasivas, algumas ainda com seus 15 anos, porque sua "pureza" fora julgada insuficiente para gerarem filhos à altura do Reich. Centenas morreram em cirurgias malsucedidas e por complicações e infecções, e muitas mais sofreram danos psicológicos por terem sido oficialmente declaradas "impróprias para casamento" ou "mentalmente fracas".

Reinhard Heydrich, o oficial imediatamente abaixo de Himmler, considerava a si mesmo um homem inteligente e culto. Ele tocava violino e chegou a confessar que achava as execuções "horríveis", embora o uso de gás para exterminar judeus fosse estranhamente "tranquilizador" para o militar. Um mulherengo em série, ele usou suas habilidades para preparar a armadilha conhecida como Salon Kitty, um bordel em Berlim cheio de escutas secretas para bisbilhotar as confissões íntimas de altos oficiais do Exército alemão e diplomatas estrangeiros. Ele também planejou o assassinato dos líderes da milícia paramilitar Sturmabteilung (SA) e outros rivais políticos na "Noite das Facas Longas" em junho de 1934, o expurgo que consolidou o grupo de elite SS como instrumento de terror dominante no Estado nazista.

Hermann Göring, o corpulento comandante-chefe da *Luftwaffe*,[1] não se iludia a respeito do perigo representado pela SA, cuja sentença de morte ele assinou em 30 de junho de 1934, embora seu ódio represado pelo líder da SA Ernst Röhm e seus tenentes homossexuais possa ser um caso de repulsa de Caliban[2] ao enxergar o próprio reflexo. "A SA não era nada além de uma máfia de gângsteres e pervertidos!", bradava o falastrão Reichsmarschal,[3] que gostava de se maquiar, exibir suas joias e se vestir como um "Nero perfumado".

Göring, um ex-piloto da Primeira Guerra Mundial e viciado em morfina, adquiriu uma vasta coleção privada de inestimáveis obras de arte mediante falsidade, fraude, roubo e intimidação. Ele rotineiramente recorria à chantagem, ao suborno e a grampos nos telefones dos rivais para acabar com os planos de quem pretendia derrubá-lo.

Juntos, esses homens conspiraram para cometer alguns dos mais cínicos e audaciosos crimes do século XX, nos quais barras de ouro, ativos de negócios, obras de arte e propriedades pessoais foram apenas parte do montante saqueado. Antiguidades, manuscritos raros e livros, artefatos religiosos, joias, estátuas, tapeçarias, porcelanas e até mesmo dezenas de milhares de garrafas antigas de vinho foram

1 Denominação da Força Aérea Alemã durante o regime nazista. (N. E.)

2 Personagem da peça *A Tempestade*, de Shakespeare, retratado como um escravo de aparência deformada. (N. E.)

3 Nome sob o qual era designado o Marechal do Reich, um dos cargos mais expoentes das Forças Armadas da Alemanha durante o Terceiro Reich. (N. E.)

apenas parte de uma pilhagem estimada em 1945 como um quinto dos tesouros artísticos do mundo, muitos dos quais permanecem desaparecidos mais de setenta anos depois.

DESTINADOS A FRACASSAR

A natureza criminosa do regime nazista, com sua inquestionável obediência e adesão inflexível aos princípios do Führer, fatalmente debilitou sua eficácia. O desejo de Hitler de estabelecer uma sociedade quase religiosa baseada em uma hierarquia instável com uma figura messiânica como líder (e também um falso profeta), servida por acólitos bajuladores, estava fadado ao fracasso. Essa contínua luta por supremacia e autoridade de uns sobre outros foi alimentada ainda mais pela insistência de Hitler para que seus subordinados resolvessem a confusão que ele criara e para que não o aborrecessem com detalhes. Como resultado, ninguém tomou a iniciativa de abordar conflitos de interesse cruciais, que surgiam justamente do fato de cada departamento de Estado estar duplicando as tarefas delegadas a seu escritório do partido equivalente.

Hitler não possuía habilidade para governar, apenas para motivar seus capangas a buscarem maneiras de agradá-lo a qualquer custo. Eles enxergavam o líder como um visionário, quando ele não passava de um sonhador preguiçoso. A verdade é que o tirano fora eleito, por um capricho do destino, para governar uma nação que ele não era capaz de conduzir a qualquer lugar exceto o abismo.

Se o povo alemão soubesse da verdade sobre o homem a quem confiou seu futuro, a história teria tomado um caminho muito diferente.

Capítulo Um

SEXO E DROGAS: DOIS PESOS E DUAS MEDIDAS

"A sorte dos governantes é que os homens não pensam."
Adolf Hitler

Apenas na Alemanha nazista um oficial de governo poderia ficar animado com a descoberta de que o cozinheiro de seu Führer possuía uma tênue ascendência judaica e ainda considerar isso importante o bastante para marcar a informação como "ultrassecreta", como fez o tenente de Himmler, Adolf Eichmann.

Apenas na Alemanha nazista poderiam dois funcionários se tornar inimigos ferrenhos porque um deles preferia um método específico de execução, como aconteceu com Rudolf Hoess e Christian Wirth, comandantes rivais de campos de extermínio cuja briga não tinha nada a ver com qual gás letal (monóxido de carbono ou Zyklon B) era o mais humano, mas qual seria o mais eficiente para assassinatos em massa.

Apenas no horripilante Estado de Hitler poderiam tais personagens amorais do baixo escalão adquirir poder de vida e morte sobre outros seres humanos, classificados por seu psicótico líder como *Untermenschen* (sub-humanos) e tachados como "não dignos de vida".

A Alemanha nazista se tornou a psicose encarnada de Hitler, um mundo kafkiano de suspeita e vigilância opressivas, de leis amorais impostas pelo terror, tortura e intimidação; um mundo no qual crianças eram encorajadas a delatar seus pais, onde a lei era usada para acusar os inocentes e onde nenhum dissidente ousava expressar seus pensamentos por medo de ser arrastado para campos de concentração no meio da noite sem julgamento algum, sob a diretiva criminal conhecida como "Noite e Névoa". A Alemanha nazista era um Estado criminoso controlado por delinquentes, psicopatas, sádicos e burocratas autoindulgentes.

Era a época do crime organizado, com criminosos lucrando com uma lei impopular (Lei Seca) na América e governos fascistas explorando instabilidades políticas e insegurança econômica na Europa, enquanto Stalin presidia um regime de terror em nome do comunismo na Rússia Soviética.

A NOITE DAS FACAS LONGAS

Não foi a mera competição pelos favores do Führer que alimentou os conflitos entre os líderes nazistas, mas uma feroz rivalidade pessoal que podia significar a morte para um ou mais membros do círculo interno de Hitler se a oportunidade surgisse. Por essa razão, o Ministro da Propaganda, Joseph Goebbels, correu para Bad Wiessee, na Bavária, para estar com Hitler na Noite das Facas Longas (o Golpe de Röhm), em 30 de junho de 1934, em vez de ficar em Berlim, onde temia ser acrescentado à lista de vítimas expurgadas por Göring e Himmler.

Foi somente quando se convenceu de que ainda contava com a proteção de Hitler que Goebbels retornou à capital para coordenar a campanha de propaganda que tentou justificar o assassinato da liderança SA e de dezenas de rivais políticos como um ato necessário de "autodefesa" da parte do Estado.

Há alguns meses, Röhm vinha exigindo que seus Camisas Pardas fossem oficialmente reconhecidos como uma milícia autônoma e incorporados às Forças Armadas. Hitler não podia permitir tal concessão, pois desagradaria o Alto Comando, que então ganharia uma razão legítima para lançar seu próprio golpe de Estado. Foi então que a SA acabou falsamente acusada de planejar a queda do governo Nacional-Socialista menos de um ano após tomar o poder. Hitler fugiu da questão por algum tempo, relutante como sempre em tomar uma decisão quando era necessário, e deu a ordem apenas quando recebeu os documentos falsificados supostamente escritos por Röhm, nos quais constava a ordem de assassinato do Führer como primeiro ato do suposto golpe.

Em sua transmissão e subsequente coletiva de imprensa, Goebbels acrescentou que muitos daqueles envolvidos no suposto golpe eram "associais" ou "elementos doentes", vocábulos usados por ele para se referir a homossexuais, por quem o inveterado sedutor nutria particular aversão. Ao aludir a esse "elemento canceroso" dentro do partido, Goebbels deu a impressão de que o regime atuaria como defensor da saúde moral da nação, uma garantia que ele e os outros líderes nazistas estavam longe de poder oferecer.

O ENIGMA DE HITLER

> "Não constitui perigo para o movimento nazista se for possível dizer que seus líderes são escolhidos por razões sexuais?"
>
> HEINRICH HIMMLER

PERSONALIDADE CONFLITANTE

Hitler e seus acólitos promoveram o Nacional-Socialismo como um movimento político popular e radical, mas que diferia em um aspecto muito importante dos regimes totalitários que surgiram na Itália sob Mussolini e na Espanha sob Franco. A Alemanha nazista era essencialmente a manifestação de um culto à personalidade em que os mais ardentes seguidores estavam hipnotizados por um narcisista maligno que exigia devoção ou morte. Ele, por sua vez, saciava a ânsia dos devotos por um redentor após a derrota humilhante na guerra de 1914-18 e a abdicação do Kaiser.

Eles o reverenciavam como um salvador da Alemanha e se referiam a ele em termos quase religiosos.

"Olhei em seus olhos e ele olhou nos meus", lembrou um admirador anônimo, "e acabei com apenas um desejo: de estar em casa e sozinho com aquela experiência arrebatadora".

Hitler usou o Partido Nacional-Socialista dos Trabalhadores Alemães (NSDAP) como uma plataforma para seus próprios objetivos, o que permitu a ele tomar o poder e exercer controle sob cada aspecto da vida de seus seguidores, desde a doutrinação ideológica das crianças até o extermínio de deficientes mentais e físicos considerados "indignos de vida". Como todos os tiranos e ditadores, Hitler era um paranoico que, quando subiu ao poder usando subterfúgios e mantendo-o por meio da força, impôs sua vontade a partir de terror e intimidação.

O slogan do partido "*Ein Volk, ein Reich, ein Führer*" ("um povo, uma nação, um líder") tinha o propósito de transmitir a unificação de objetivos sob uma figura paterna benevolente, mas expressava mais precisamente a doentia identificação de Hitler com uma nação que ele, em última instância, abandonaria à própria sorte e cuja destruição ele exigiria como punição por tê-lo traído.

> HITLER USOU O PARTIDO NACIONAL-SOCIALISTA DOS TRABALHADORES ALEMÃES (NSDAP) COMO UMA PLATAFORMA PARA SEUS PRÓPRIOS OBJETIVOS, DE MODO A VIABILIZAR A SERVENTIA DO PODER.

Hitler possuía uma personalidade violentamente conflituosa que lhe creditava a razão incondicional, não admitia outra opinião como digna de ser ouvida e ainda exigia obediência absoluta e inquestionável. Essa tendência psicótica e volatilidade estavam enraizadas desde cedo em sua vida e podem ter surgido parcialmente por causa de sua sexualidade anômala.

OS PRIMEIROS ANOS

O fascismo há muito é suspeito de ser particularmente atraente para os descontentes e alienados, pessoas que cultivam desejo ardente de reconhecimento e validação de suas opiniões extremistas e valores distorcidos por indivíduos que pensam de maneira semelhante.

O abuso que Hitler sofreu nas mãos de um pai agressivo e dominador e sua identificação exagerada com uma mãe indulgente e devota podem ter contribuído para a formação de sua personalidade perturbada, mas fosse seu caráter inato ou adquirido, Hitler cresceu odiando o mundo.

Ele tinha um desprezo particular por seus professores, que o descreviam como "argumentativo, autocrático, presunçoso", com pouco autocontrole e de temperamento difícil. O menino, por sua vez, os descrevia como "macacos eruditos", "caducos" e "mentalmente desalinhados", o que dizia mais sobre sua necessidade de justificar a falta de qualificações acadêmicas e eventual expulsão do que sobre a competência daqueles que desprezava. Durante seus cinco anos na *Realschule* (no ensino médio ou no colegial), ele repetiu de ano.

A criança odiosa se tornou um jovem rapaz beligerante que desprezava aqueles que eram mais inteligentes e realizados do que ele – Hitler descartou seu único amigo, August Kubizek, quando o jovem pianista foi aceito em um conservatório logo depois de Hitler ter sido rejeitado pela Academia de Belas Artes de Viena. Incapaz de aceitar a possibilidade de não possuir talento suficiente, ele culpou o comitê selecionador que, ele descobriria logo depois, incluía quatro judeus. Mais tarde, Hitler afirmou ter escrito para o Diretor da Academia, com ameaças de que "os judeus iriam pagar!".

Enquanto ele vagava pelas ruas da capital austríaca, lamentando seu destino e procurando alguém em quem pudesse colocar a culpa, afirmou ter ficado maravilhado pela aparência de um judeu ortodoxo vestindo um longo casaco preto e usando as tradicionais mechas de cabelo. Seu autodesprezo foi transformado em um conveniente bode expiatório e, naquele momento, Hitler percebeu que havia encontrado um escape para sua amargura e hostilidade inatas.

"Aonde quer que eu fosse", ele escreveu mais tarde, "comecei a enxergar os judeus e, quanto mais via, mais eles pareciam diferentes aos meus olhos do resto da humanidade... Comecei a odiá-los... Parei de ser um cosmopolita de joelhos fracos e me tornei um antissemita".

Hitler começou a consumir a literatura antissemita que era vendida abertamente em Viena na época; panfletos e periódicos como o

Ostara, que misturava "misticismo" pseudo-völkish[4] com nacionalismo e antissemitismo extremos. Esses textos histéricos com seus cartuns pornográficos reforçavam preconceitos e satisfaziam fantasias sexuais sádicas.

Mais tarde ele iria romantizar seus anos solitários como artista itinerante em Viena, porque a história serviria ao mito de que ele havia surgido da obscuridade para a grandeza pela bênção da Providência – a mesma mão invisível do destino que permitiu sua sobrevivência a várias tentativas de assassinato e que o imbuiu de um senso de predestinação. Mas os anos em Viena podem não ter sido tão difíceis quanto Hitler afirmou mais tarde em vida. Sua renda total herdada de seus pais falecidos, a herança de uma tia e uma pensão de órfão que ele ganhava fingindo ser estudante de artes chegava a 100 coroas por mês (aproximadamente 830 dólares ou 2.700 reais em 2018), que ele ainda incrementava pedindo esmolas.

Os mendigos com quem viveu por um tempo em um albergue de caridade em Meidling se ressentiam do fato de que ele não aceitava os trabalhos braçais para os quais eles eram preparados para exercer, embora mais tarde Hitler tenha falsamente alegado que trabalhou em uma construção. Sua afirmação de ter se tornado um antissemita ao ver um judeu ortodoxo também é suspeita, já que é sabido que ele se tornou amigo de um judeu húngaro chamado Neuman no albergue em Meidling e aceitou um casaco dado por ele de presente.

Ali, entre os albergues pulguentos de Viena, Hitler amargava em ressentimento e inveja pelo mundo que o rejeitava e fermentava sua filosofia niilista, que definia a vida como uma "luta brutal" (*Mein Kampf*), um credo engendrado por aquilo que Joachim Fest chamava de "o ódio e a impotência do excluído". Ao projetar sua própria compulsão por vingança em um conveniente bode expiatório e atribuir

---

4 O movimento Völkisch era a interpretação alemã do movimento populista, com um enfoque romântico sobre o folclore do país. O termo *völkisch*, que significa "étnico", deriva da palavra alemã *Volk* (cognato da palavra inglesa *folk*), correspondente a "povo". Segundo o historiador James Webb, a palavra também tem conotações de "nação", "raça" e "tribo". (N. E.)

sua paranoia a uma imaginária cabala de conspiradores, Hitler tentou aliviar a turbulência dentro de sua própria psiqué.

Seu único amigo, Kubizek, observou: "Ele enxergava em todos os lugares apenas obstáculos e hostilidade. Ele sempre estava enfrentando algo e sempre estava em desacordo com o mundo... Nunca o vi levar nada de forma relaxada."

Não é possível confiar em nada que Hitler tenha dito sobre o início de sua vida. Ele até mentiu sobre encarar a declaração de guerra de 1914 como a hora de sua "libertação", pois, na verdade, ele fugiu do serviço militar obrigatório. Quando finalmente foi encontrado e chamado para servir, Hitler escreveu uma longa e emocionada carta para o Conselho Municipal de Linz implorando por leniência, uma carta que exibia uma incomum falta de domínio da língua alemã.

Desde então já foi revelado que a famosa foto que supostamente mostrava Hitler aos 25 anos comemorando a declaração de guerra no meio da multidão na Odeonsplatz em Munique no dia 2 de agosto é provavelmente falsa. Ele não aparece em mais nenhuma outra fotografia da multidão tirada naquele dia ou nos filmes dos noticiários.

A foto apareceu pela primeira vez na publicação alemã *Illustrierter Beobachter*, em 1932, no mesmo dia em que Hitler declarou a si mesmo candidato à presidência. Nem uma única vez nos doze anos desde que se juntou ao NSDAP ele mencionou estar presente naquele dia histórico, algo que certamente faria, já que lhe renderia considerável capital político. A legenda original levanta suspeitas ao descrever Hitler como "o patriota alemão" e convenientemente oferecendo a perfeita fotografia como prova. Hitler, pelo visto, estava reescrevendo sua própria história na certeza que ninguém na época investigaria de perto ou faria perguntas demais.

É provável que os assassinatos de Ernst Röhm e de outros líderes da SA tenham uma motivação mais sinistra do que conflitos internos políticos: a necessidade de silenciar aqueles que conheciam os segredos da juventude de Hitler.

Hitler tinha tanto medo de alguém descobrir sobre as origens de sua família que uma de suas primeiras ordens após anexar a Áustria em 1938 foi a destruição da vila de Dollersheim, o local de nascimento de seu pai e do túmulo de sua avó. Na época, ele teria dito: "Essas pessoas [jornalistas] nunca podem descobrir quem eu sou. Eles não podem saber de onde eu venho nem sobre os antecedentes de minha família."

HITLER E OS HOMENS

Samuel Igra, autor de *Germany's National Vice,* afirmou que Hitler fora um michê em Viena entre 1907 e 1912, e que ele se sustentara dessa forma outra vez em Munique entre 1912 e 1914, quando a Grande Guerra lhe oferecera uma alternativa. Especula-se que Igra, por ser um escritor judeu, possuía razões para vilificar Hitler com acusações dessa natureza, mas o historiador Desmond Seward não possuía nenhum motivo aparente para fazê-lo quando escreveu, em *Napoleão e Hitler*, que o Führer possuía ficha na polícia vienense, na qual era identificado como homossexual.

O psicólogo americano Walter Langer foi contratado pela OSS (uma antecessora da CIA) para traçar um estudo do perfil psicológico do ditador em 1943, no qual ele e sua equipe entrevistaram centenas de ex-associados do regime e imigrantes insatisfeitos. A partir dessas entrevistas, Langer afirmou que Hitler "escolheu morar em um albergue conhecido por ser habitado por muitos homossexuais".

"Mesmo hoje, Hitler obtém prazer sexual observando corpos masculinos e associando-se com homossexuais."

"MESMO HOJE, HITLER OBTÉM PRAZER SEXUAL OBSERVANDO CORPOS MASCULINOS E ASSOCIANDO-SE COM HOMOSSEXUAIS".

Tais rumores, é claro, não constituem evidência, porém existe o fato da associação próxima de Hitler com o abertamente homossexual Röhm e a questão de sua estranha relação com Rudolf Hess. Röhm e Hess eram os únicos dois homens com quem Hitler habitualmente usava o termo íntimo e afetivo "*du*".

Após sair da prisão de Landsberg, Hitler expressou sua frustração pelo fato de que Hess demoraria a ser libertado em termos que eram inapropriados para um homem falando de outro homem. "*Ach mein Rudy, mein Hesserl*", ele teria dito, usando diminutivos austríacos mais comumente empregados quando alguém se referia a crianças e pessoas amadas.

Um dos criados pessoais de Hitler suspeitava da real natureza de sua relação com Hess, que supostamente era conhecido como "*Fräulein Anna*" entre os transexuais de Munique. O criado notava o quanto Hitler ficava animado sempre que criava um desenho arquitetônico que o agradava ou quando recebia um presente particularmente valioso. Ele corria para mostrar a Hess como uma criança corre para sua mãe. Um desses foi uma carta de amor escrita à mão que o Rei Ludwig II da Bavária, o mecenas de Wagner, havia redigido para um criado homem.

Houve apenas uma testemunha da homossexualidade, de Hitler: Hans Mend, um mensageiro que servira no mesmo regimento de Hitler e alegava ter visto o Führer em uma situação comprometedora com outro homem.

Se Hitler fora um praticante da homossexualidade, como alega-se ou, como parece mais provável, se ele foi um homossexual enrustido ou mesmo um assexual, era preciso que ele fosse visto tomando uma clara posição contra a diversidade sexual sempre que acusações fossem lançadas sobre a SA ou sobre o efeminado oficial Schirach.

Uma vez Hitler "passou um sermão" em Rudolf Diels, o fundador da Gestapo, sobre o papel da homossexualidade na história, e Diels mais tarde se lembrou do que o Führer havia lhe dito.

> Havia destruído a Grécia Antiga, ele disse. Quando se espalhou, estendeu seus efeitos contagiosos como uma inevitável lei natural sobre os melhores e mais másculos caráteres, eliminando do processo reprodutivo precisamente aqueles homens de cuja prole a nação dependia. O resultado imediato do vício seria, entretanto, que a paixão não natural rapidamente se tornaria dominante nos assuntos públicos se fosse permitido que se espalhasse sem controle.

Os nacional-socialistas caracteristicamente agiam com duas caras em relação à homossexualidade. Eles a toleravam quando se tratava de um deles, mas em público a condenavam como um comportamento "depravado", como nota-se no édito de 14 de maio de 1928:

> Não é necessário que você viva e eu viva, mas é necessário que o povo alemão viva. E ele pode viver se puder lutar, pois a vida significava luta. E ele só pode lutar se mantiver sua masculinidade. Só pode manter sua masculinidade se exercer a disciplina, principalmente nos assuntos do amor. Amor livre e depravação não são disciplinados. Portanto, nós rejeitamos você, assim como rejeitamos qualquer coisa que possa ferir nosso povo. Qualquer pessoa que sequer pense em amor homossexual é nosso inimigo.

Entretanto, internamente, o partido estava profundamente dividido entre aqueles que falavam abertamente contra – Himmler sendo um dos mais enérgicos – e aqueles, como Hitler, que toleravam de má vontade, desde que não causasse um escândalo capaz de ferir as chances eleitorais do partido.

HITLER E RÖHM

A única questão em que as duas facções concordavam era a ameaça ao partido representada pela SA, a unidade paramilitar indisciplinada comandada pelo brutal valentão de cabeça quente Ernst Röhm, que não se dava ao trabalho de esconder suas práticas homossexuais ou as de seus homens. Muitos deles eram recrutados e promovidos porque encontravam favorecimento com Röhm e seus oficiais seniores, mais precisamente Karl Ernst, o comandante da SA em Berlim, e Edmund Heines, que era o segundo no comando de Röhm. Dizia-se que Heines conseguira sua promoção após vasculhar Munique em busca de novos recrutas de boa aparência.

Em *The Nazi Extermination of Homosexuals*, o historiador Frank Rector escreveu que Hitler era frequentemente chamado de "*Schoen Adolf*" (belo Adolf) e que os ricos amigos gays de Ernst Röhm foram apoiadores de primeira hora do NSDAP – insinuando que eles foram atraídos primariamente pela cultura da homossexualidade prevalente na SA em vez de suas ambições políticas.

Röhm não via razão para discrição e não tentou manter os relatos de suas frequentes orgias e festas em bares gays de Munique fora do noticiário. E ninguém conseguia dissuadi-lo de propagandear seu comportamento, como quando insistiu em processar um garoto de programa que o roubara, mesmo sendo alertado de que o caso iria atrair publicidade adversa. Homossexualidade não era motivo de vergonha, até onde Röhm sabia. Ele possuía orgulho de sua orientação sexual, alimentando um mito homoerótico de esplêndidos físicos masculinos em batalhas e comparando seus hematomas adquiridos nas ruas aos guerreiros espartanos e gregos da Antiguidade.

Mas sua concepção ou imagem do homem homossexual orgulhoso foi distorcida por seus próprios desejos sádicos e vício em violência. Röhm via a si mesmo e seus associados como a personificação da hipermasculinidade ao desprezar homens efeminados como o líder da Juventude Hitlerista, Baldur von Schirach, a quem considerava um "histérico".

O fascismo atraía homens como Röhm porque enaltecia o mito da supremacia do homem branco e a falácia de que "homens de verdade" expressavam sua masculinidade exercendo autoridade, dominação e poder sobre seus supostos inferiores.

Se Röhm possuía algo contra Hitler, como outros escritores já sugeriram, não se sabe, mas Hitler evidentemente sentia que devia muito a seu antigo mentor militar, incluindo sua apresentação ao partido que ele acabaria dominando, e por essa razão Hitler relutou muito em se livrar da liderança da SA – até ser forçado a fazê-lo, em julho de 1934.

O PAPEL DE RÖHM NA ASCENSÃO DE HITLER

Foi o Capitão Röhm quem, em setembro de 1919, ordenou que Hitler participasse de uma reunião de um novo partido político em Munique para avaliar seu potencial como frente para o Exército. Hitler diligentemente obedeceu em sua posição de *Vertrauensmann* (o "representante confiável" do exército). Ele escreveu em *Mein Kampf*:

> Aquele foi um tempo em que qualquer pessoa não satisfeita com os acontecimentos... sentia um chamado para fundar um novo partido. Em toda a parte essas organizações brotaram do chão, apenas para desaparecerem silenciosamente após um tempo. Não julguei diferente o Partido dos Trabalhadores Alemães.

O *Deutsche Arbeiterpartei* (DAP), ou Partido dos Trabalhadores Alemães, fora fundado pelo engenheiro de ferrovias Anton Drexler e pelo jornalista Karl Harrer para defender os direitos dos trabalhadores, mas nenhum dos dois possuía talento para organização ou oratória. Eles haviam atraído menos de sessenta membros e se limitaram a brigar para decidir como gastar o pouco dinheiro que restava no caixa do partido.

Em *Mein Kampf*, Hitler descreveu a primeira reunião da qual participou na cervejaria de Munique Sterneckerbrau:

> As minutas da última reunião foram lidas e o secretário deu seu voto de confiança. Em seguida, vieram os relatórios da tesouraria – ao todo, o partido possuía sete marcos e cinquenta centavos – pelos quais o tesoureiro recebeu um voto de confiança. Isso também entrou nas minutas... Terrível, terrível! Aquilo era o pior tipo de clubinho. Como eu me juntaria a uma organização assim?

Hitler considerou aquilo uma "organização absurda", mas seus superiores viram potencial no DAP para influenciar os votos de ex--soldados e trabalhadores e ordenaram que ele se filiasse. O partido seria financiado secretamente pelo Exército, que precisava de influência sobre uma organização política apta a agir como frente para sua luta contra os comunistas, que eram considerados uma ameaça tanto para os militares quanto para o Estado.

Röhm e seus soldados da SA se tornaram os guarda-costas do partido, garantindo que os comunistas e outros oponentes políticos não perturbassem suas reuniões. E também asseguraram que Hitler ditasse suas políticas após tomar a liderança em julho de 1921.

Hitler, portanto, devia sua vida política a Röhm e, por essa razão, foi forçado a tolerar suas atividades abertamente homossexuais até 1932, quando a SA havia crescido e se tornado uma força militar significativa de meio milhão de homens que representava uma séria ameaça ao *Reichswehr* (o Exército oficial). O próprio Röhm se tornara uma ameaça e um obstáculo às ambições políticas de seu pupilo.

Ironicamente, não fosse a incerteza política que seguiu a quebra da Bolsa de Nova York em 1929, atos homossexuais consensuais entre homens adultos não seriam mais um crime na Alemanha. Pouco antes da crise financeira, o Reichstag havia votado para aprovar a Lei de Reforma Penal legalizando atos homossexuais entre adultos, mas foi impedida de ser aprovada pela quebra da bolsa, que sinalizou o fim da República de Weimar e a democracia na Alemanha.

HITLER E AS MULHERES

Se Hitler foi um membro ativo do submundo homossexual de Viena e mais tarde de Munique durante sua juventude, como afirmam alguns escritores, é impossível comprovar. Mas é inegável que os relacionamentos íntimos de Hitler com mulheres eram incomuns e nunca uma experiência saudável para suas parceiras, cinco das quais tentaram o suicídio.

Eva Braun empreendeu pelo menos duas tentativas hesitantes de suicídio nos primeiros anos do relacionamento para chamar atenção, a "groupie" fascista britânica Unity Mitford sobreviveu a um tiro na própria cabeça apenas para viver o resto da vida como uma inválida, e a atriz Renate Müller saltou para sua morte em 1937 antes que a SS pudesse interrogá-la sobre suas acusações a respeito das "exigências não naturais" de Hitler.

Inicialmente, era Hitler quem procurava as mulheres, mas assim que elas mostravam algum interesse sério em um relacionamento real, ele se afastava, tornando-se frio e indiferente. Ele claramente possuía medo de intimidade, que apenas transparecia quando o objeto de sua afeição demonstrava algum interesse nele. Quando era um jovem de 17 anos, em 1906, ele fantasiava sobre uma jovem loira, Stefanie Jansten, que havia encontrado na rua em Linz, a quem escreveu poesias e uma carta que nunca foi enviada. Ele não possuía a coragem necessária para falar com ela, mas imaginava que eles mantinham um entendimento implícito, uma condição chamada erotomania.

Depois, em 1926, já com 37 anos, ele cortejou Maria Reiter, de 16 anos, que tentou se suicidar quando ele lhe deu as costas depois que ela respondeu favoravelmente às afirmações românticas dele. Evidentemente, sua personalidade volátil e egocêntrica sempre buscava o caos e a tragédia.

GELI RAUBAL

Sua segunda "vítima" foi sua jovem sobrinha Geli Raubal (a filha de sua meia-irmã), que atirou em si mesma em setembro de 1931 por causa de um sentimento que um dos primeiros apoiadores de Hitler, Ernst Hanfstaengl, chamou de "ternura distorcida".

Hanfstaengl observou uma conversa peculiar entre o "Tio Adolf" e sua sobrinha adolescente no Schwarzwälder Café.

> Enquanto caminhavam pelas ruas após uma refeição, Hitler enfatizou uma ameaça contra seus oponentes estalando o pesado chicote de cães que ele ainda carregava. Eu vislumbrei o rosto de Geli quando ele fez isso, e havia um olhar de medo e desprezo que quase roubou meu fôlego. Conhece o chicote, eu pensei, e realmente senti pena da garota... Não pude deixar de pensar que a parte dela na relação era resultado da coação [...] Às vezes ela parecia bastante fria com ele e manifestava mais medo em relação a ele do que fascinação.

De acordo com um dos biógrafos de Hitler, Konrad Heiden, Hitler tolamente escrevera uma carta comprometedora para Geli, na qual implorava que ela satisfizesse seus ímpetos masoquistas. Quando a carta acabou em posse de um suposto chantagista, Hitler pediu a um padre que recuperasse o documento. O religioso, padre Stempfle, acabou sendo silenciado durante a Noite das Facas Longas.

O tesoureiro do Partido Nazista, Franz Schwarz, supostamente pagou vários chantagistas que ameaçaram vender segredos da vida sexual peculiar de Hitler, incluindo um que dizia ter posse de rascunhos pornográficos de Geli, supostamente desenhadas pelo Führer.

O guarda-costas da SA, Wilhelm Stocker, lembrou mais tarde:

> Ela admitiu para mim que, às vezes, Hitler obrigava que ela fizesse coisas na privacidade do quarto que a enojavam, mas quando perguntei por que ela não recusava, ela apenas deu de ombros e disse que não queria perdê-lo para alguma mulher que faria o que ele queria.

O ex-nazista dissidente Otto Strasser sugeriu que havia algo "muito incomum" sobre aquela relação (fora o fato de que Hitler, com 38 anos, possuía o dobro da idade de Geli) e que Geli dizia estar desesperadamente infeliz porque ela não podia fazer "aquilo que ele quer que eu faça". Strasser afirmou que Geli confessou o seguinte:

> Hitler a fazia se despir e então ele se deitava no chão. Então ela precisava se agachar sobre o rosto dele onde ele pudesse examiná-la de perto e isso o deixava muito excitado [...] Ele exigia coisas dela que eram simplesmente nojentas. Ela nunca sonhou que coisas assim pudessem acontecer. Quando pedi a ela para me contar, Geli descreveu coisas que eu já havia lido antes no livro *Psychopathia Sexualis*, de Krafft Ebing, quando eu era estudante.

Já foi sugerido que a morte dela pode não ter sido suicídio, mas assassinato, e parece existir alguma razão para essa suspeita. A publicação *Münchener Post* relatou na época que o "nariz da morta estava quebrado, e havia outros ferimentos sérios no corpo", o que indicaria uma luta violenta.

> COM ALGUMA RAZÃO, JÁ FOI SUGERIDO QUE A MORTE DE GELI RAUBAL PODE NÃO TER SIDO SUICÍDIO, MAS UM ASSASSINATO.

Além disso, existe o curioso fato do funeral de Geli. Ela foi sepultada em um cemitério católico – no qual a Igreja não teria permitido o enterro no caso de suicídio. Mesmo aventando a possibilidade de que a causa da morte tenha sido mantida em segredo para evitar publicidade adversa para o partido, é revelador que o sacerdote que presidiu o funeral, o padre Johann Pant, tenha fugido para a França. Em 1939, um jornal local publicou suas alegações.

> Eles fingiram que ela cometeu suicídio; eu nunca teria permitido que uma suicida fosse enterrada em solo sagrado. Pelo fato de eu ter dado um enterro cristão a ela, você pode tirar conclusões que eu não posso comunicar a você.

ASSEXUAL OU IMPOTENTE?

Assim que Hitler assumiu o poder, a ameaça de uma visita da Gestapo freou as especulações em relação à sua sexualidade na imprensa alemã, mas os rumores persistiram e, quando veio a guerra, correspondentes internacionais não arriscavam ter suas permissões revogadas apenas para repetir rumores escandalosos e fofocas. Uma exceção foi a colunista de Berlim, Bella Fromm, que escreveu:

> Prefiro acreditar, e muitas pessoas sentem o mesmo, que ele é assexual, ou talvez impotente, encontrando uma sublimação sexual através da crueldade. Eles fazem filmes de uma natureza especialmente macabra nos campos de concentração. Filmes que apenas o Führer assiste. Esses filmes são levados correndo para ele e exibidos, noite após noite.
>
> Ocasionalmente o interesse de Hitler por uma mulher pode surgir; ele pode se sentir atraído por seu charme, mas isso é só. Suas emoções culminam em um tipo de ciúme causado por sua sensação de frustração ao saber que não pode responder normalmente.

A AUTOPUNIÇÃO DE HITLER

"Ele é todo gênio e corpo", dizia o partido em 1930. "E ele controla esse corpo de maneiras que chocariam pessoas como nós! Ele não bebe, praticamente consome apenas vegetais e nunca toca as mulheres."

As supostas virtudes de Hitler, entretanto, não vinham de sua devoção ao trabalho ou à autodisciplina, mas de seu temperamento peculiar. Quando jovem indolente, ele frequentemente ficava acordado até de madrugada importunando seu único amigo, o tolerante August Kubizek, com seus sonhos de glória futura. Ele dizia que se tornaria arquiteto de uma nova Viena, criando edifícios imponentes para rivalizar com Roma, e ele viveria em um esplêndido apartamento com uma garota que conhecia apenas de vista das ruas de Linz e por quem estava apaixonado, mas nunca tinha coragem de se aproximar para conversar.

Ele se tornara vegetariano apenas porque sofria com problemas crônicos de digestão e fora aconselhado a evitar carne gordurosa. Ele também fora persuadido a tomar chá de ervas em vez de sua caneca costumeira da forte cerveja da Bavária para matar a sede e clarear a cabeça após um discurso exaustivo. Quanto à notável falta de uma companheira, existem inúmeras teorias sobre a razão de Hitler evitar tanto o casamento quanto uma amante, mas, convenientemente para ele e para a máquina de propaganda do partido, a insossa Eva Braun estava disposta a preencher essa função e não divulgar a verdadeira natureza de seu relacionamento.

Não é de muita importância saber se a incomum rotina de Hitler de ficar acordado até a madrugada e dormir até o meio-dia era consequência de seus próprios hábitos peculiares, mas a imagem que ele projetava de incansável devoção altruísta ao partido e à nação esboçava um profundo contraste com a realidade.

Ele odiava trabalho real de qualquer tipo porque sabia que era incapaz de seguir qualquer coisa até o fim. Sua natureza indolente e falta de autodisciplina não atrapalharam sua ascensão ao poder, mas uma vez empossado, isso dificultou seriamente a gestão cotidiana da administração. Ele fugia de todas as responsabilidades da chancelaria citando sua crença de que ele era um artista e um gênio e, portanto, estava liberado dos assuntos mundanos, uma convicção fatal compartilhada pelos sicofantas em seu círculo íntimo. Quando pressionado a cuidar das tarefas rotineiras, ele usava como desculpa sua máxima favorita: "Uma única ideia de um gênio vale uma vida inteira de trabalho diligente de escritório."

Mas Hitler não era nenhum gênio, apesar daquilo que seus acólitos possam ter lhe dito e apesar de ninguém ter questionado sua crença de que a administração podia funcionar bem sem ele. As decisões que ele tomava eram feitas por impulso como se divinamente inspiradas, enquanto outras importantes decisões eram procrastinadas e assuntos triviais recebiam significância e atenção não merecidas. Sem direção vinda de cima, relatórios departamentais não eram preenchidos, reuniões cruciais com os Gauleiters não eram realizadas e os vários ministros eram deixados para trabalhar sozinhos enquanto o Führer se isolava em Munique ou Berchtesgaden (uma cidade nos Alpes da Bavária onde Hitler construiu seu retiro na montanha, o Berghof), evitando participar da rotina administrativa do governo. Uma personalidade desorganizada e conflitante agora regia uma administração igualmente caótica e competitiva.

HITLER CHAPADO

Mais tarde, seu comportamento errático e imprevisível foi exacerbado por sua dependência de drogas. A postura oficial do partido considerava o vício em drogas uma doença dos judeus e taxava os viciados de "criminalmente insanos" que deveriam ser presos ou, melhor ainda, exterminados. Não era segredo entre a imprensa que Göring era viciado em morfina, mas correspondentes internacionais arriscavam ter sua licença cassada se tocassem no assunto, enquanto jornalistas alemães arriscavam coisa muito pior.

A posse de drogas não prescritas foi tornada ilegal na Alemanha em 1933, apesar do fato de o país ser então líder na fabricação e exportação de morfina e cocaína. Ironicamente, um dos farmacólogos mais importantes de Berlim, dr. Fritz Hauschild, trabalhava em uma fórmula para a produção em massa de uma nova droga que iria revigorar as cansadas donas de casa e estimular aqueles que não gostavam de trabalhar. Em 1937, ele teve sucesso em sintetizar um derivado do cloridrato de metil-anfetamina, que seu empregador, a Temmler, patenteou sob o nome de Pervitin.

A empresa farmacêutica promovia o remédio como uma nova fórmula milagrosa para restaurar a confiança e incrementar o desempenho pessoal de todos, desde secretárias até esportistas, e tornou a droga facilmente disponível sem prescrição médica. Era fornecida em forma de tabletes e em ampolas de vidro para injeção intravenosa e intramuscular, e rapidamente se tornou um sucesso de vendas. As mulheres eram de longe as consumidoras mais vorazes, principalmente quando os rumores de seus benefícios para emagrecer se espalharam. A anfetamina tirava o apetite e isso levava à perda de peso drástica e rápida.

Logo se tornou um suplemento essencial para os soldados, que descobriram que não apenas os ajudava a ficarem acordados e alertas, como também os deixava menos suscetíveis à fome, sede, dor e frio. Outro efeito colateral era o aumento da disposição em aceitar riscos, um benefício que os militares estavam ansiosos para explorar.

No verão de 1939, o Instituto de Fisiologia Geral e de Defesa na Academia de Medicina Militar testou seus efeitos em 90 universitários e se certificou que a droga tornaria os soldados alemães mais destemidos. O diretor do instituto, dr. Otto Ranke, podia pessoalmente confirmar os efeitos benéficos, tendo ele próprio consumido uma quantidade suficiente para ficar acordado por mais de 50 horas de uma vez. Infelizmente para o dr. Ranke, a droga também se mostrou viciante, algo que ele, presumivelmente, não mencionou em seu relatório. Ranke não foi o único doutor alemão a sucumbir aos efeitos nocivos das drogas durante a guerra. Em 1940, Franz Wertheim, um oficial médico alemão, admitiu:

> Para ajudar a passar o tempo, nós médicos experimentamos nós mesmos. Começávamos o dia bebendo um copo de conhaque e tomando duas injeções de morfina. Descobrimos que a cocaína era útil ao meio-dia, e à noite nós ocasionalmente tomávamos Hyoskin. Como resultado, nem sempre estávamos sob o comando de nossos sentidos.

O EXÉRCITO DROGADO DE HITLER

Após ler o relatório de Ranke, o Alto Comando Alemão ficou cautelosamente otimista, mas insistiu em um "teste de campo" para avaliar os benefícios em soldados sob ataque antes de aprovarem o uso em larga escala. A invasão da Polônia em setembro de 1939 forneceu a oportunidade perfeita. Os primeiros soldados alemães a receber Pervitin foram motoristas de caminhões, cuja energia e coragem incomuns sob fogo demonstraram o que podia ser alcançado com um pouco de química restauradora.

Em 1940, na véspera da *blitzkrieg* alemã, a Werhmacht e a Luftwaffe ganharam 35 milhões de tabletes de Pervitin ou seu concorrente, Isophan, e instruções de que os estimulantes deveriam ser tomados "quantos fossem necessários para manter os soldados alertas". Naquele evento, entre um e cinco tabletes por dia foram tomados pelas tropas na frente de batalha e por pilotos Stuka, e o ataque-surpresa através das florestas pesadas das Ardenas seguiu em frente, continuando sem remorso por três dias e noites sem a necessidade de descanso. Não fosse pelo uso liberal da droga, a *blitzkrieg* de maio de 1940 podia simplesmente não ter avançado como aconteceu.

Entretanto, foi apenas com o uso prolongado que os efeitos colaterais foram descobertos. Os soldados reclamavam de problemas circulatórios e suor em profusão. Alguns morreram dessas complicações, mas os benefícios claramente superavam os riscos. Leonardo Conti, o Ministro da Saúde do Reich, tentou restringir o uso do Pervitin, mas conseguiu apenas adicioná-lo à lista de substâncias restritas em julho de 1941 e emitir um alerta para as Forças Armadas.

> Todo oficial médico deve estar ciente de que o Pervitin é um estimulante poderoso e altamente diferenciado, uma ferramenta que permite, a qualquer momento, ajudar ativamente e com eficácia certos indivíduos a alcançarem um desempenho superior.

Em janeiro de 1942, o resto de um batalhão alemão na Frente Oriental tentou romper um cerco russo. Os alemães estavam exaustos e sofrendo os efeitos da temperatura congelante. Enquanto marchavam, os mais fracos iam desabando e sendo deixados para trás. Quando a noite caiu, a temperatura despencou e os oficiais decidiram que a única esperança era distribuir Pervitin para os sobreviventes. O médico do batalhão mais tarde relatou que dentro de 30 minutos "os homens começaram a marchar ordenadamente outra vez, com o espírito revigorado e mais alertas".

Em 1944, o Pervitin não era mais considerado poderoso o bastante para incentivar as tropas alemãs cansadas e desmoralizadas a cometerem o supremo sacrifício final por seu Führer e pela pátria. Era necessária uma nova "superdroga".

Os cientistas a chamaram de D-IX. Baseada na fórmula do Pervitin, agora incluía cinco miligramas de cocaína e cinco miligramas do derivado de morfina Eukodal (comumente usado como analgésico). A droga fora desenvolvida pela Marinha alemã, que a testou em suas tripulações de minissubmarinos em Kiel.

O minissubmarino *U-boat*, de um homem só, era pequeno o bastante para evitar as redes antissubmarinos que protegiam os portos aliados, mas precisava de um operador que ficasse acordado durante vários dias enquanto navegava por águas hostis. Sua operação era considerada uma missão suicida de última hora com pouca chance de o tripulante sobreviver, então o aumento de confiança proporcionado pela droga foi visto como tão crucial quanto sua habilidade de manter os homens acordados.

Antes de fornecer a droga para os tripulantes, a Marinha testou em prisioneiros de Sachsenhausen, onde os presos eram forçados a caminhar em uma pista móvel até desabarem de exaustão. A esteira móvel fora criada para testar a durabilidade das solas de sapato. Tendo sua eficácia provada, a nova droga foi então enviada para os tripulantes dos minissubmarinos, que ficavam confinados em suas embarcações por 48 horas ou mais. Muitos sofriam ataques psicóticos durante o treinamento e alguns dos sobreviventes se tornavam desorientados antes do final da missão.

SUPRIMENTOS DE MENOS

Ao final da guerra, após as fábricas que produziam Pervitin e Eukodal terem sido destruídas pelos ataques aéreos dos Aliados, o suprimento de drogas diminuiu, e até mesmo Hitler pareceu sofrer sintomas de abstinência. Suas mãos tremiam; seu olhar, que antes era penetrante, tornou-se apático; e ele se arrastava pelo *bunker* como um velho. Um guarda da SS mais tarde disse que ele lembrava um homem de 70 anos e não alguém de sua idade real – 56. Seus humores também foram violentamente afetados, saltando da depressão para a raiva em questão de minutos. Considerou-se que as condições remetessem a sintomas do mal de Parkinson, ou os efeitos tardios do dano neurológico causado pela tentativa de assassinato que ele sofreu em julho, mas parece mais provável que o coquetel tóxico de drogas tenha sido ao menos parcialmente culpado. Em destaque entre essas drogas estava o Eukodal (um opioide e precursor da oxicodona), que produz uma sensação de euforia. Hitler recebia várias injeções de Eukodal por dia, geralmente combinadas com cocaína que lhe fora receitada para a dor em seus ouvidos que se seguiu após a tentativa fracassada de assassinato na Toca do Lobo.

O DITADOR E O DOUTOR - HITLER E O DR. MORELL

Adolf Hitler era obcecado por sua imagem pública. Um narcisista pernicioso, ele temia o que as multidões de seguidores fervorosos pensariam se soubessem que seu líder messiânico sofria de flatulência crônica, que o forçava a deixar o recinto depois de todas as refeições.

Em 1931, Hitler mudou sua dieta e se tornou um rigoroso vegetariano para tentar aliviar as fortes contrações de seu estômago, mas a dor persistiu. Em 1936, ele estava desesperado para encontrar uma cura, já que os espasmos agora acompanhavam constipação, que ele temia ser sintoma do início de um câncer, o mal que levou a vida de sua mãe.

A hipocondria de Hitler se originou em sua infância. Sua mãe, Klara, sofrera vários abortos e perdera três crianças na infância. Consequentemente, ela mimava o filho sobrevivente e sua irmã mais nova, Paula, correndo para Adolf sempre que ele ficava doente e transmitindo a ele um medo patológico de germes e uma obsessão pela morte.

A experiência traumática de assistir à morte de sua mãe enquanto o médico da família observava, impotente, fez o filho depositar mais fé em tratamentos e médicos não convencionais.

Em 1936, Hitler havia eleito vários médicos pessoais, mas nenhum foi capaz de identificar a causa de seus problemas digestivos crônicos. Isto é, nenhum até ele conhecer o dr. Theodor Morell. Ele fora recomendado pelo fotógrafo oficial de Hitler, Heinrich Hoffmann, que estava convencido de que o médico havia curado sua gonorreia.

Morell possuía uma reputação diferenciada por tratar doenças sexualmente transmissíveis usando remédios "naturais" não especificados e também impotência usando leves choques elétricos. Ele construíra um consultório rentável e muito procurado em um charmoso distrito de Berlim. Seus clientes incluíam nomes famosos do teatro e cabaré, assim como estrelas dos estúdios UFA da capital – isto é, se as fotos autografadas nas paredes de sua sala de espera eram genuínas. Era difícil saber o que era verdadeiro, se é que havia algo, sobre o misterioso dr. Morell.

Ele afirmava ter se formado em Munique e servido como oficial médico na Primeira Guerra Mundial, mas oferecia respostas vagas quando perguntavam sobre os ingredientes em seus "compostos vitamínicos". Ademais, ele frequentemente enviava pacientes genuinamente doentes para outros médicos, preferindo tratar aqueles com problemas de peso, "doenças sociais" e impotência.

Hitler não se impressionava com qualificações e suspeitava muito da ciência ortodoxa e dos profissionais acadêmicos. Ele preferia contar com sua intuição e instinto quando julgava pessoas que podiam se tornar úteis a ele, e quando Hoffmann falou bem das curas não convencionais do dr. Morell, Hitler teve a sensação de que aquele era o médico a quem ele poderia confiar sua saúde.

Ao menos desde 1928, quando possuía 39 anos, Hitler expressava a crença de que morreria jovem e que não esperava viver mais do que outros vinte anos. Menos de dez anos depois, ele confidenciou seus medos a seu arquiteto e Ministro de Armamentos, Albert Speer: "Não viverei por muito mais tempo [...] pois minha saúde está cada vez pior."

Essa obsessão mórbida não se apoiava em algum diagnóstico médico, pois Hitler repetidamente se recusava a ser examinado, parcialmente pelo medo de ter seu próprio prognóstico confirmado e também por preocupação com sua imagem. Não seria bom para o "homem de ferro" da Alemanha ser visto como vítima de fraquezas mortais. Para o alívio de Hitler, o dr. Morell não insistiu em um exame médico integral (embora mais tarde Morell tenha afirmado que realizou um check-up "completo" em Hitler).

Morell estava mais do que disposto a agradar os desejos de Hitler. Um endosso do Führer garantia um fluxo constante de clientes ricos em seu consultório. De fato, a recusa de Hitler em se submeter a um exame completo servia muito bem a Morell, pois ele ficou convencido desde o primeiro encontro que não havia nada de errado com o líder nazista. O episódio da "cegueira histérica" que Hitler afirmava ter sofrido como resultado de um ataque com gás venenoso em 1918 apenas confirmou o diagnóstico de Morell de que Hitler sofria de desordens psicossomáticas, e que seus espasmos estomacais eram outro sintoma daquilo que Albert Speer descreveu como a "constante turbulência interna" do líder.

Após um exame superficial, e depois de avaliar os sintomas de Hitler, Morell receitou seu "cura-tudo" natural, Mutaflor, que Hitler tomou diariamente pelos sete anos seguintes. Mutaflor era um probiótico derivado de fezes de faisões búlgaros, que seria tão benéfico quanto um placebo. Os pacientes que sofriam de doenças psicossomáticas podiam sentir algum alívio de seus sintomas por causa da segurança que sentiam com Morell e a fé em seus métodos, enquanto aqueles que sofriam com sintomas crônicos, mas sem causas sérias, não pioravam. Morell simplesmente não tinha como perder.

A menos, é claro, que ele divulgasse a natureza das doenças de seus pacientes para outras pessoas.

Periodicamente, o médico também submetia Hitler à espúria prática medieval da sangria, usando sanguessugas para expurgar seu paciente daquilo que ele acreditava ser seu "sangue judeu" contaminado. Desde a infância, Hitler se dizia convencido de que sua avó paterna fora seduzida por seu empregador judeu. (Em 2010, uma parente de Hitler, uma prima austríaca, forneceu DNA para testes que indicaram que o ditador não possuía sangue ariano puro e, provavelmente, possuía uma relação distante com as raças que desprezava.)

PERIODICAMENTE, O MÉDICO SUJEITAVA HITLER À PRÁTICA DA SANGRIA, PARA EXPURGAR SEU PACIENTE DO "SANGUE JUDEU".

A DEPENDÊNCIA DE DROGAS DE HITLER

Ao final da guerra, acredita-se que Hitler tomava mais de 30 pílulas por dia, além de injeções, incluindo remédios digestivos, tranquilizantes, sedativos, anfetaminas, preventivos de gripe, vitaminas, tabletes antibacterianos, estimulantes do coração, extrato de sêmen de boi para fadiga crônica e várias formas de narcótico.

A preocupação sobre a saúde do Führer e seu crescente vício nos remédios de Morell foi expressada pela ex-assistente de Hoffmann, Eva Braun, que se tornou amante de Hitler em 1932. Ela implorou para Hitler jogar fora tudo o que havia sido receitado.

"Ele está envenenando você", Braun disse a ele.

Suas apelações foram ignoradas, pois Hitler já estava viciado.

Braun fora inicialmente a favor dos remédios "naturais" de Morell, mas logo ela sentiu repulsa por seus imundos hábitos pessoais, suas unhas sujas, seu hálito rançoso e a evidente negligência por higiene pessoal. Ela não foi a única a descrever seu consultório como um chiqueiro e seu ocupante morbidamente obeso como um porco.

O dr. Karl Brandt, ex-médico pessoal de Hitler, concordava com Eva Braun, enquanto o dr. Koch, o médico de Albert Speer, declarou Morell um "incompetente" depois de analisar um de seus compostos. O laboratório relatou que a "mistura vitamínica" continha anfetamina.

Speer mais tarde escreveu que a "desconfiança, hiperatividade, loquacidade, agitação, perda do controle das emoções, caprichos e irritabilidade de Hitler parecem ser consequência de tal tratamento". E que provavelmente Hitler tomava essas "perigosas drogas" desde, ao menos, 1936, e no final de 1942 era "virtualmente certeza" que ele mostrava sintomas de "envenenamento crônico por anfetamina".

Nas anotações originais não publicadas que Speer havia preparado para suas memórias – intituladas *Inside the Third Reich* – ele notou a mudança do comportamento de Hitler a partir do verão de 1942, a qual ele atribui à dieta de drogas. Ele comenta sobre o "peculiar estado de petrificação e rigidez, incerteza apática, indecisão agonizante, uma aparente inabilidade em lidar com todos os problemas importantes e teimosia quando confrontado com eles".

O ditador se tornou impulsivo, irritável, propenso a tumultos interiores e sujeito a violentas mudanças de humor (de hipomaníaco até depressivo grave). Decisões importantes que antes eram tomadas de forma espontânea agora eram adiadas indefinidamente para a frustração daqueles à espera de cumprir suas ordens. Na vida particular, ele caía em um estado em que "muitas vezes passava a impressão de estar mentalmente deficiente" e "frequentemente... confundia fantasia com a realidade".

Speer lembrou que Hitler tomava "incontáveis tabletes de Cola-Dalmann" antes de discursar ou de participar de alguma conferência importante. Esses tabletes continham cafeína, que acentua os efeitos da anfetamina. Isso explicaria por que Speer descreveu o ditador como "bêbado" nas primeiras horas de 1º de janeiro de 1945, como se estivesse em um estado de "permanente euforia".

Speer acusou Morell de fazer experimentos em Hitler sem conhecer os efeitos que aquelas drogas teriam em seu paciente a longo prazo. Essa foi uma conclusão compartilhada pelo maior rival de Morell, dr. Brandt, assim como pelos colegas de Brandt, dr. Hase e dr. Hasselbach, que participavam da equipe de médicos à disposição de Hitler. De acordo com Speer, eles consideravam os métodos de Morell "não científicos", mas eles nunca foram informados sobre o que precisamente estava sendo receitado. Quando questionado, Morell oferecia repostas vagas aludindo a uma "mistura especial" de vitaminas e hormônios.

A relutância de Morell em divulgar os ingredientes é compreensível, embora imperdoável. Essas misturas se mostraram altamente lucrativas e permitiram a Morell erguer uma fábrica em Hamburgo para fornecer Vitamultin, preparos vitamínicos e outros tônicos dúbios, além de um talco antipiolho (*Russlapuder*) para as Forças Armadas. Com o dinheiro entrando, Morell evitava pagar impostos altos ao investir os lucros na aquisição de mais fábricas farmacêuticas que foram "libertadas" de seus donos nos países ocupados pelos alemães.

Brandt eventualmente levou suas preocupações para Göring, que inicialmente mostrou pouco interesse até Brandt ler em voz alta um livro médico detalhando os efeitos do envenenamento por estricnina. Göring concordou que os sintomas eram muito semelhantes à fadiga e rigidez mental que ele havia testemunhado em Hitler (como evidenciado em sua política de "nunca recuar") e confrontou o Führer com a acusação do médico. Brandt foi prontamente demitido.

Quanto a Morell, Hitler não aceitava ouvir nada contra seu médico milagroso e já exibia os sintomas típicos de um viciado.

Todas as evidências apontam para a probabilidade de que Hitler tomava metanfetamina misturada em tabletes de Vitamultin e também como ingrediente das injeções diárias de Vitamultin, todas preparadas pela fábrica farmacêutica de Morell para não atrair a atenção das autoridades de controle de drogas da Alemanha.

A VISÃO DE SPEER SOBRE A DEPENDÊNCIA DE HITLER

Speer estava convencido de que, independentemente da natureza do vício de Hitler, isso não pode desculpar suas ações e seus "erros monstruosos", especificamente a perseguição aos judeus, a criação dos campos de concentração e a campanha contra a Igreja, tudo isso iniciado muito antes de Hitler ter se viciado nos misteriosos "remédios" do dr. Morell. E também não explica suas características e traços de personalidade, que já se mostravam antes da aparição de Morell e que ainda foram observados depois.

> Hitler sempre foi impenetrável e insincero. Ele sempre foi cruel, injusto, distante, frio, intemperado, autopiedoso, mas ao mesmo tempo ele era o exato oposto disso tudo.

Speer o comparou a Robespierre, o líder revolucionário francês que instigou o "Terror" que levou milhares para a guilhotina. Assim como Robespierre, Hitler tinha compulsão por mentir, de acordo com Speer, um homem que provavelmente conhecia o ditador alemão melhor do que ninguém. Ele descrevia Hitler como possuidor de uma natureza "demoníaca" e um homem de temperamento ruim, "frio e insensível", que evitava intimidade e provavelmente amava apenas a si mesmo, mas que podia sucumbir a explosões de sentimentalidade muito expressivas. Na opinião de Speer, o vício fatal de Hitler era pelo poder; o coquetel de estimulantes de Morell simplesmente servia como um energético substituto que, por sua vez, trazia a necessidade de tranquilizantes para fazê-lo dormir.

Morell estava entre os últimos membros do círculo íntimo de Hitler a deixar o *bunker*. Em 22 de abril, ele implorou para ir embora enquanto ainda havia chance de romper o cerco russo e, quando a permissão foi negada, ele desmaiou sob os pés de Hitler. Uma vez capturado, entretanto, afirmou ter sido demitido por Hitler por ter participado do funeral de seu irmão sem permissão. O irmão de Morell não era membro do partido.

Outros afirmaram terem testemunhado Hitler acusando Morell de tentar drogá-lo para que os soviéticos pudessem julgá-lo em um tribunal.

"Você acha que eu sou louco?", Hitler teria dito. "Você vai tentar me dar morfina. Suma daqui; você está demitido. Tire esse uniforme médico. Vá para casa e aja como se nunca tivesse tido nada comigo."

INTOXICAÇÃO POR ANFETAMINA

Todas as evidências documentadas, juntamente às afirmações de testemunhas, sugerem que, a partir de 1942, Hitler exibia os sintomas associados a doenças neuropsiquiátricas, especificamente rigidez mental, raiva mórbida, atenção excessiva a detalhes, tendência a fácil distração, desconfiança patológica e elação. Tudo isso o afetava intermitentemente e prejudicava seu julgamento.

De acordo com Leonard Heston, professor de psiquiatria e coautor de *The Medical Casebook of Adolf Hitler:*

> As evidências são extremamente fortes, apoiando uma causa básica para a incapacidade psiquiátrica de Hitler, intoxicação por anfetamina e nenhum outro diagnóstico.

O professor Heston analisou descrições publicadas sobre o comportamento errático de Hitler e arquivos que listavam vários incidentes de depressão severa, assim como episódios registrados de cegueira histérica, dores abdominais crônicas, dores de cabeça que duravam dias, febres, tremores, intoxicação por anfetamina, fala confusa e, finalmente, um derrame dois meses antes do suicídio. Além disso, houve a descoberta do relatório secreto de Himmler alegando que Hitler estava sofrendo os efeitos terciários da neurossífilis.

O professor Heston e a coautora, Renate Heston, entrevistaram muitas das pessoas que serviram junto a Hitler para compilar testemunhos de primeira mão sobre seu estado físico e mental além de descrições detalhadas de seu comportamento e sintomas. Essas informações levaram os pesquisadores a concluir que "Hitler ficava intermitentemente incapacitado por doença cerebral orgânica com sinais e sintomas conhecidos, e efeitos previstos em seu comportamento".

Quanto à teoria de que Hitler exibira o início do mal de Parkinson nos últimos meses de vida, Heston argumenta:

> A administração crônica a longo prazo [de anfetamina], talvez combinada com alguma excentricidade fisiológica de Hitler levou a uma síndrome total que possuía elementos do Parkinson.

Uma descoberta curiosa revelada pelos documentos restantes de Morell é que o médico estava receitando doses baixas de algumas drogas, tão baixas que não teriam benefício médico. Isso sugere que ele fazia isso para satisfazer seu paciente ou para parecer que o tratava com algo que não estava confiante de que teria o efeito desejado. Ele também estava injetando glicose no ditador, algo que não possui benefícios médicos, mas que seria aceito por Hitler se ele acreditasse que isso combateria a fadiga. Em segundo lugar, Morell em certo momento injetava Hitler com Strophanthin (digitalis) para uma reclamação cardiovascular que ainda não havia evoluído para um quadro sério o bastante. Ao fazer isso, ele incrementou o coquetel de drogas no cérebro e corpo de Hitler apenas como antecipação de um possível problema cardíaco.

Está claro que Hitler estava recebendo injeções cinco vezes ao dia com medicamentos desnecessários e sem comprovação médica, além de tomar misturas vitamínicas espúrias. Essas injeções causavam uma melhora imediata e dramática no paciente, uma recuperação confirmada por várias testemunhas e que, de acordo com o professor Heston, podia apenas ser atribuída à anfetamina ou à cocaína.

Infelizmente para a História, temos um incidente comparável envolvendo Morell impondo o mesmo tratamento em um paciente diferente. Em março de 1939, Emil Hácha, o presidente da Tchecoslováquia, foi levado a Berlim, onde recebera um ultimato. Hitler exigiu que Hácha capitulasse ou enfrentaria uma invasão. Sob estresse extremo, Hácha desmaiou e depois recebeu uma injeção de Morell. Sua recuperação foi imediata e ele exibiu uma energia tão nervosa que Hitler mais tarde fez graça dizendo que temia que o velho presidente pudesse ainda desafiar suas ameaças e intimidações. É revelador que Hácha tenha solicitado a Morell uma segunda injeção mais tarde naquele dia.

Como nota o professor Heston: "A anfetamina aumenta a agressividade e decisões de risco", traços que caracterizaram o comportamento de Hitler a partir de 1938.

Leonard e Renate Heston não são os únicos especialistas médicos que especulam sobre o estado da saúde de Hitler e o grau de seu vício em drogas. Em 2010, o historiador Henrik Eberle e o professor Neumann, do Hospital de Berlim, listaram 82 drogas diferentes que hoje se sabe terem sido tomadas pelo líder nazista nos doze anos em que presidiu o Terceiro Reich, enquanto também especulam que ele pode ter recebido obturações dentais feitas de ouro retirado das bocas das vítimas dos campos de concentração. Se soubesse da prática, Hitler certamente teria rejeitado o procedimento por causa de seus princípios, porém seu dentista pessoal possuía 50 quilos de ouro retirado dos judeus assassinados.

MEIN KAMPF – O LIVRO MAIS PERIGOSO DO MUNDO

Adolf Hitler possuía a dúbia distinção de ter escrito um dos menos lidos e ao mesmo tempo mais vendidos livros do século XX: *Mein Kampf*. Mas aparentemente pode não ter sido o único livro escrito pelo grande ditador.

Hitler ditou *Mein Kampf* ("Minha luta") para seu dedicado secretário Rudolf Hess enquanto os dois estavam presos no relativo luxo da prisão Landsberg, no oeste de Berlim, depois do fracasso do Putsch da Cervejaria, em novembro de 1923.[5] O futuro Führer recebera uma generosa sentença de cinco anos por juízes simpáticos à causa, os quais permitiram usar a corte como plataforma pública para discursar agressivamente contra a administração da Bavária, a qual ele havia tentado derrubar.

Em Landsberg, Hitler foi colocado em uma sala espaçosa e bem mobiliada, com vista para o rio Lech, onde recebia uma série de visitas de simpatizantes, que lhe presentearam com flores, chocolates e iguarias até sua sala parecer o camarim de uma diva da ópera. Com pouco a fazer senão contar o tempo até ser libertado, ele começou a discursar para Hess, os guardas e qualquer um que estivesse disposto a ouvir seus manifestos raivosos contra os "criminosos de novembro" (os políticos alemães republicanos que capitularam em novembro de 1918) e aqueles "traidores" anônimos (uma cabala de judeus,

5 O Putsch da Cervejaria – também conhecido como Putsch de Munique – foi uma tentativa malsucedida de golpe de Estado executada por Adolf Hitler e pelo Partido Nazista contra o governo da região da Baviera, ocorrido em 9 de novembro de 1923. (N. E.)

marxistas e "bolcheviques culturais") que ele acreditava que haviam "apunhalado a Alemanha pelas costas" (usando uma frase emprestada do general Ludendorff, líder conjunto do esforço de guerra da Alemanha em 1914-18).

Hess obedientemente registrou aqueles monólogos incoerentes e improvisados até que o diretor de negócios do Partido Nazista, Max Amann, ofereceu-se para publicá-los, desde que Hitler aceitasse retrabalhar seus pensamentos caóticos em um formato mais compreensível. Ele também teria que concordar com um título mais aceitável. O manuscrito original de 800 páginas possuía o título "Quatro anos e meio de lutas contra mentiras, estupidez e covardia". Amann abreviou o título para "Mein Kampf" e reduziu o risco de perder seu investimento ao dividir o livro em duas partes, cada uma com 400 páginas a serem publicadas em um intervalo de um ano entre elas, em 1925 e 1926.

Hitler foi libertado em 20 de dezembro de 1924 após cumprir apenas oito meses de sua sentença de cinco anos, e quando retornou encontrou seu partido dividido por lutas internas entre as facções. Amann esperava que a sorte do partido fosse mudar e, com isso, as vendas do livro aumentassem, mas Hitler encontrou um partido desmoralizado que fracassou em explorar a publicidade em escala nacional – a publicidade que seu julgamento havia gerado. Consequentemente, as vendas do primeiro volume foram decepcionantes.

UM ESFORÇO COLABORATIVO?

Apesar dos esforços de Hess e Amann para estruturar e moldar a "filosofia política" de Hitler, o livro mesmo assim revela as teorias confusas e muitas vezes contraditórias de um histérico paranoico. Página após página, a obra foi devotada a tiradas intermináveis e mal informadas contra uma conspiração judaica inexistente, pontuadas com justificativas mal argumentadas de uma doutrina amoral de lei do mais forte e intercaladas com denúncias altamente emocionais da democracia parlamentarista. Cada parte traía as obsessões mórbidas de seu autor, com um capítulo inteiro devotado ao assunto das doenças venéreas e outras seções reduzidas a argumentos irracionais e inflamados defendendo o extermínio dos judeus assim como a eliminação "humana" dos "fracos" e dos "doentes" na sociedade.

Como disse o historiador alemão Joachim Fest:

> Com a angustiante monotonia dos insanos, ele retorna várias e várias vezes para aquelas fantasias obscenas... mal escondidas pela afetação de uma filosofia moral erudita na qual trabalhos pornográficos são geralmente envolvidos.

Uma análise mais de perto do tom irregular e dos argumentos inconsistentes sugere que a versão final deve ter sido um esforço colaborativo. Acredita-se que Hess teve ajuda de dois jornalistas extremamente antissemitas, o padre Bernhard Stempfle e Josef Czerny, do periódico *Völkischer Beobachter*, além de significativos conselhos de seu ex-professor da Universidade de Munique, Karl Haushofer, que visitara Hitler e Hess na cadeia.

O acadêmico apresentou Hitler às teorias de geopolítica e ao conceito da *Lebensraun* (o espaço vivo), que seriam cruciais na formação e racionalização das agressivas políticas expansionistas da Alemanha nazista.

Igualmente significativo foi o conselho que o professor deu a Hitler sobre sua imagem pública. Haushofer persuadiu o líder nazista a trocar seu *lederhosen* (calças de couro típicas da Alemanha) por um terno sob medida ou um uniforme da SA, e descartar a chibata de couro que passava a impressão de que ele era apenas mais um valentão de cervejaria. Ele também convenceu Hitler a tomar chá de ervas em vez de cerveja e o treinou na arte da oratória pública, que permitiria projetar sua voz e reforçar seus argumentos com gestos apropriados. Hitler mais tarde se deixaria fotografar no estúdio de Hoffmann encenando essas poses dramáticas. As fotografias foram vendidas como cartões postais para os acólitos do partido e suas admiradoras.

Enquanto isso, as vendas de *Mein Kampf* subiam e desciam com a sorte flutuante do partido, como quando ganhava votos mediante o aumento do desemprego e os perdia novamente quando a economia melhorava.

LEITURA OBRIGATÓRIA

Quando Hitler conquistou a chancelaria, em janeiro de 1933, *Mein Kampf* se tornou leitura obrigatória para sua legião de seguidores, embora poucos pudessem honestamente dizer que leram o livro por completo. Sua gramática pobre e prosa túrgida levaram o livro a ganhar o apelido de "Sein Krampf" ("Sua Cólica"). Como nota Joachim Fest: "Nem uma única frase é tranquila, livre e natural."

O livro era cheio de erros gramaticais e metáforas confusas ("o duro golpe do destino abriu meu olho"), já que seu autor tinha dificuldade em substanciar suas "ideias darwinistas vulgarizadas" e explicar a "recusa intelectual" que ele acumulara entre os invejosos e habitantes amargos dos albergues austríacos. Fest deduz que tais erros revelam a "ansiedade interminável por aplausos do falso acadêmico" enquanto o tom defensivo mostra o fato de Hitler temer que seus leitores não levariam a sério suas teorias irracionais e absurdas. Fest conclui que "o próprio medo de se autorrevelar é revelador".

Hitler tentou renegar sua obra, desdenhando e dizendo que eram apenas "fantasias atrás das grades". Ele disse a Hans Frank: "Se eu tivesse alguma noção em 1924 de que eu seria Chanceler do Reich, eu nunca teria escrito o livro."

Pesquisas pós-guerra sugerem que apenas um quinto da população se deu ao trabalho de ler por completo e que muitos queimaram o livro após a morte de Hitler ou o usaram como papel higiênico durante a escassez do período imediatamente após a guerra.

Mas todos os nazistas leais se esforçavam para exibir a obra em suas casas para não serem denunciados por seus vizinhos. Havia uma edição com lombada dourada que era dada de presente para os recém-casados (embora poucas autoridades locais pudessem pagar), uma edição impressa em papel especial fino para os soldados e até mesmo uma edição em braile para os deficientes visuais.

Quando a guerra estourou, *Mein Kampf* fora traduzido para dezoito idiomas com um total de vendas de mais de 12 milhões de cópias, tornando Hitler um homem rico. Considera-se que ele arrematou 12 milhões de reichsmarks em royalties. Em 1934, ele recebeu uma cobrança de impostos de 405.494,40 reichsmarks, mas se recusou a pagar, provavelmente argumentando que ele era o chanceler e, portanto, estaria pagando a si mesmo.

De volta às prateleiras

Após a guerra, os direitos sobre *Mein Kampf* foram concedidos às autoridades da ocupação americana, já que Hitler era registrado como cidadão de Munique, que então se encontrava no setor americano. Os americanos, por sua vez, transferiram os direitos para o governo da Bavária, que proibiu a publicação pelos 70 anos seguintes, por medo de que pudesse inspirar um movimento neonazista.

Cópias originais estavam disponíveis em sebos que exigiam que os clientes fornecessem seus nomes e endereços e, em empréstimos, havia uma estrita supervisão das bibliotecas públicas, que o mantinham em seus chamados “gabinetes de veneno”.

Foi finalmente publicado outra vez na Alemanha em janeiro de 2016 em uma edição “acadêmica” altamente anotada depois que os 70 anos dos direitos autorais expiraram. O diretor do Instituto de História Contemporânea de Munique, que supervisionou a edição comentada, descreveu a obra como uma “mistura de mentiras, meias-verdades e propaganda”, enquanto um dos membros da equipe de historiadores disse: “É uma verdadeira sensação de triunfo ser capaz de ler esse lixo e depois desmontá-lo pedaço a pedaço.”

Enquanto *Mein Kampf* estava efetivamente banido da Alemanha, edições proliferaram em outros países, da Índia (onde foi usado como um manual de instrução de negócios) ao Japão, onde uma versão em quadrinhos se tornou best-seller. Uma cópia inicial, autografada por seu autor, foi vendida em leilão por US$ 64.850,00 na Califórnia, em 2014.

A autobiografia de Hitler?

Mein Kampf era parte autobiografia e parte polêmica, mas não foi o primeiro livro a apresentar seu autor como o salvador messiânico do povo alemão. *Adolf Hitler: Sein Leben und Reden* ("Sua vida e seus discursos") apareceu em 1923 e era creditado a Victor von Koerber, mas agora parece que seu verdadeiro autor foi o próprio Hitler. O historiador Thomas Weber, professor de História e Assuntos Internacionais na Universidade de Aberdeen, rastreou documentos pertencentes a Koerber em um arquivo de uma universidade da África do Sul que indicam que o livro foi "quase certamente" escrito por Hitler como um "descarado ato de autopromoção". Koerber fora aparentemente procurado pelos nazistas que queriam permissão para usar seu nome e linhagem aristocrática para dar credibilidade ao livro e endossar suas ideias exóticas.

Seu tom pseudorreligioso afirmava que Hitler era o messias enviado pela Providência para salvar a Alemanha e que o livro era a "nova Bíblia" da religião neopagã que ele iria estabelecer na Terra. A obra estava salpicada com palavras como "sagrado" e "libertação", enquanto a conversão de Hitler à causa da supremacia ariana era comparada a uma revelação espiritual. Outras passagens são muito semelhantes a passagens em *Mein Kampf*. O professor Weber encontrou um documento assinado pela esposa do editor que alegava que Koerber não era o verdadeiro autor e que Hitler havia ordenado ao general Ludendorff que encontrasse um escritor "conservador" sem conexão com o Partido Nazista e que concordasse em emprestar seu nome ao livro.

Outros documentos foram descobertos durante a busca pelo verdadeiro autor do livro, incluindo cartas de Koerber nas quais ele admitia ter dado aos nazistas permissão para usar seu nome em um livro que ele não escrevera. Havia também um documento datado de 1938, no qual Koerber alegava que o livro fora escrito "com a participação ativa de Adolf Hitler".

DUAS FALAS, DOIS PESOS E DUAS MEDIDAS

A liderança nazista era mestre em dois pesos e duas medidas. O regime defendia o casamento e a maternidade, mas facilitava a prostituição financiada pelo Estado no projeto da SS Lebensborn, assim como nos campos de concentração e – notoriamente – no bordel grampeado conhecido como Salon Kitty, que era frequentado por diplomatas, oficiais e funcionários nazistas. Muitos do círculo íntimo de Hitler, principalmente Goebbels, Himmler e Bormann, não escondiam o fato de terem uma ou mais amantes e, embora o próprio Hitler fosse frequentemente visto na companhia da insossa Eva Braun, é provável que ele encorajasse a crença de que ela era sua amante apenas para afastar rumores sobre sua sexualidade.

A natureza hipócrita do regime refletia o caráter conflituoso de seu líder.

Seu Führer amante de ópera e seu Ministro da Propaganda, Goebbels, consideravam a si mesmos cultos, mas se entusiasmavam com a queima pública de livros dos mais importantes intelectuais da Alemanha. Ao mesmo tempo, Göring cobiçava artes e antiguidades roubadas por seu valor monetário e o prestígio de possuí-las, enquanto se vangloriava de que quando ouvia a palavra "cultura" imediatamente sacava seu revólver (uma citação que ele retirou de *Schlageter*, peça de Hanns Johst de 1933).

Em 1933, o regime proibiu atos homossexuais entre adultos e fechou clubes gays, citando o Parágrafo 175 do Código Penal sob o qual eles perseguiram, prenderam e assassinaram milhares de homossexuais enquanto abrigavam inúmeros homossexuais agressivamente ativos em suas fileiras, em particular na divisão paramilitar da SA e na Juventude Hitlerista.

O Parágrafo 175 também foi usado para instigar acusações falsas contra membros do clérigo católico quando a administração tentou enfraquecer a Igreja.

Em fevereiro de 1933 eles ainda baniram a pornografia, porém, encorajavam abertamente o odioso antissemita sádico Julius Streicher, que regularmente publicava cartuns e artigos pornográficos em seu semanário racista *Der Stürmer* e que tinha prazer em infligir dor em suas vítimas.

Naquele ano eles também proibiram a prostituição enquanto buscavam prostitutas para festas privadas e eventos, como a notória "Noite das Amazonas" no Palácio Nymphenburg e os infames festivais de cerveja organizados pelo ex-guarda-costas de Hitler, Christian Weber.

Em suas memórias desse período, intitulada *Munich Playground*, Ernst Pope se recorda de que o corpulento Weber fora inspirado a organizar seus desfiles de nudez após visitar Paris e ficar impressionado com as mulheres de pouca roupa se exibindo.

> A julgar pelo que vi na capital francesa, nossas garotas nuas alemãs são muito mais bonitas do que as mulheres francesas. Tudo o que temos de fazer é tirar as roupas das garotas aqui mesmo em casa, jogar os holofotes sobre elas, e os homens com dinheiro para gastar irão preferir Munique a Paris.

Pope também descreveu o resultado.

> O carnaval de Christian foi um tremendo sucesso financeiro para ele. E nem preciso dizer que ele aproveitou muito a noite.

> Depois que a parte oficial se encerrou, não vi mais o jovial patrocinador. Ele desapareceu atrás das pesadas cortinas de seu box privado, com uma de suas garotas selecionadas a dedo em cada braço. Christian possui muitos filhos em Munique. Só não deve saber disso.

O regime que defendia os "valores familiares tradicionais" ganhou um herói no notório cafetão Horst Wessel, celebrando seu "sacrifício" em uma memorável marchinha do período (na qual as palavras de Wessel foram adaptadas para se encaixar em uma música popular).

O líder dos Camisa-Parda, de 22 anos, fora assassinado em janeiro de 1930 pelo ativista do Partido Comunista, Albrecht Höhler, provavelmente por causa de uma desavença sobre Erna Janicke, uma prostituta que Wessel havia conseguido para ele, e não vítima de um assassinato político, como o partido alegou.

Não era nenhuma surpresa que um dos regimes mais regressivos e misóginos da história da Europa condenava a prostituição em público enquanto seus líderes se esbaldavam em casos extraconjugais e pagavam por serviços sexuais atrás de portas fechadas.

TRATAMENTO DOS HOMOSSEXUAIS

Um argumento irracional em favor da prostituição alegado por um oficial anônimo do partido dizia que a prostituição desencorajava a homossexualidade – o maior "vício", como eles enxergavam, que o regime não conseguia erradicar por mais indivíduos que esterilizassem ou exterminassem. Aqueles que foram sujeitos à esterilização ouviam que deveriam se considerar sortudos por não terem sido mandados para campos de concentração onde sofreriam a agonia prolongada de "curas" exóticas nas mãos dos médicos sádicos.

Classen von Neudegg, um sobrevivente do campo de Sachsenhausen, recordou que no verão de 1944:

> O medo e a incerteza surgiram de rumores sobre novas medidas tomadas pela administração do hospital da SS. Pelas ordens do administrador, o mensageiro da divisão política havia requisitado certos registros médicos, e agora ele chegava ao campo para a entrega. Os doentes foram acometidos por um medo profundo. Após alguns dias, o terrível mistério dos registros foi revelado. Foram ordenados experimentos envolvendo cobaias vivas e fósforo: o objetivo era desenvolver métodos de tratamento de queimaduras por fósforo. Preciso me manter em silêncio sobre os efeitos dessa série de experimentos, que prosseguiram com dor inimaginável, medo, sangue e lágrimas: pois é impossível colocar em palavras toda essa miséria.

Apesar do número de homossexuais ativos na administração e na SS, o regime legalizou a esterilização de homossexuais, de viciados em drogas, de pessoas mentalmente instáveis, de deficientes físicos e de cegos. 56 mil homens gays foram castrados à força menos de um ano após a lei ser aprovada.

Himmler exigiu que seus oficiais delatassem qualquer crime de "comportamento obsceno e não natural" ou abuso dentro das fileiras da SS. Em 1942, a ditadura decretou que qualquer homem considerado culpado de um ato homossexual sofreria a pena capital.

Lésbicas eram geralmente excluídas da perseguição do partido porque se esperava que elas ainda pudessem ser persuadidas a receberem inseminação por um ariano viril e, portanto, poderiam contribuir para o repovoamento do Reich. Se elas se recusassem a se voluntariar para o programa Lebensborn da SS, elas seriam forçadas a servir o regime em um bordel supervisionado pelo Estado.

SALON KITTY

Assim como com todos os regimes despóticos, seus membros desconfiavam uns dos outros e teriam se voltado uns contra os outros não fosse a ação do homem que eles tanto admiravam quanto temiam, seu Führer, Adolf Hitler. Na primavera de 1939, nos meses anteriores à invasão da Polônia, circulavam muitos rumores de que havia membros da administração e das Forças Armadas alemãs dispostos a vender segredos para os inimigos.

Foi primariamente por esse motivo que Hitler sancionou a criação do bordel financiado pelo Estado chamado Salon Kitty em Charlottenburg, um rico distrito de Berlim.

Os apartamentos por trás da elegante fachada do número 11 da rua Giesebrechtstrasse foram mobiliados ricamente, mas Himmler, que levou o crédito pela ideia, esperava que o investimento fosse recuperado, pois ordenou que câmeras e grampos fossem instalados nas paredes para gravar cada gemido e confissão descuidada.

Himmler confiou o sucesso da operação a seu imediato Reinhard Heydrich, que tomou um interesse pessoal no projeto. Heydrich era chefe do Gabinete Central de Segurança do Reich (RSHA) que controlava a Gestapo, o Serviço de Inteligência da SS e Polícia Criminal. Entre a equipe da RSHA ele era conhecido como o "Cérebro de Himmler" por causa de sua inteligência, que, por inferência, refletia mal em seu superior, mas nos bordéis e nos bares de Berlim ele era conhecido como a "fera loira" por sua postura glacial e a suposta predileção por sexo violento, particularmente quando bebia muito. Também dizia-se que ele mantinha uma amante judia, Josefa Huliciusova, uma tchecoslovaca cuja existência era aparentemente conhecida por sua esposa Lina. O Gruppenführer fazia frequentes "visitas de inspeção" no Salon Kitty, onde checava a mercadoria, mas apenas após os microfones serem desligados.

O álbum de fotografias da Madame Kitty listava os atributos físicos e talentos particulares das garotas, que eram escolhidas para agradar a todas as preferências. A maioria eram ex-prostitutas, mas entre elas havia jovens ricas que foram convencidas de que era seu dever servir à pátria encorajando seus clientes a falarem candidamente sobre seus trabalhos, ou compartilharem fofocas que pudessem ser úteis para a Gestapo.

Madame Kitty Schmidt (cujo nome real era Katharina Zammit) fora "persuadida" a cooperar após ser flagrada tentando retirar seus lucros ilícitos do país. Após ser levada ao quartel-general da Gestapo em Berlim, ela fora interrogada pelo SS Obersturmführer Walter Schellenberg, chefe da SD, o Serviço de Inteligência do Reich, que sugeriu que seria melhor para ela voltar à sua ex-profissão em vez de se aposentar precocemente em Ravensbrück.

> O ÁLBUM DE FOTOGRAFIAS DA MADAME KITTY LISTAVA OS ATRIBUTOS FÍSICOS E TALENTOS PARTICULARES DAS GAROTAS, QUE ERAM ESCOLHIDAS PARA AGRADAR A TODAS AS PREFERÊNCIAS.

CONVERSAS ÍNTIMAS

Schellenberg não aprovava o jeito de *Frau* Schmidt de ganhar a vida, mas era seu dever soltar a língua de oficiais militares e funcionários nazistas cuja lealdade era questionada, e ele chegou à conclusão de que havia maneiras mais eficazes e sutis de alcançar esse objetivo. As pessoas ficavam mais propícias a revelar segredos para uma mulher atraente que tentavam impressionar, principalmente se acreditassem que era seguro fazer isso na privacidade do quarto.

Schellenberg apresentou a ideia para Heydrich e ele então a levou para Himmler, que sancionou a liberação dos fundos necessários e deu sua aprovação para as garotas receberem treinamento em técnicas básicas de espionagem.

Nos dias seguintes centenas de "garotas trabalhadoras" foram reunidas pela polícia de Berlim nos bares, clubes e bordéis de sempre e levadas para análise de uma equipe de psiquiatras. Cada garota era entrevistada longamente para determinar sua adequação e sua "confiabilidade emocional". Dessas, apenas vinte foram selecionadas para o treinamento, que foi administrado em uma escola de oficiais na Bavária.

Lá, elas aprenderam como identificar a patente militar de um cliente ao vislumbrar sua insígnia, assim como técnicas para obter informações sem levantar suspeitas. Além disso, elas passaram por um curso intensivo de várias línguas europeias.

Quando o Salon Kitty foi reaberto, em março de 1940, os clientes regulares receberam suas parceiras de sempre, mas se um cavalheiro usasse o código "eu venho de Rothenburg", era então solicitado a ele escolher uma garota do álbum de fotos da Madame Kitty. Esses homens eram oficiais seniores do Partido Nazista, oficiais de alta patente das Forças Armadas da Alemanha e membros do corpo diplomático que receberam a informação de que o código lhes daria uma das vinte garotas reservadas para clientes especiais.

Entre aqueles convidados a selecionar pelo álbum estava o Conde Galeazzo, genro de Mussolini, que revelaria o que ele e o ditador italiano realmente pensavam de Hitler, a quem Il Duce chamava de "palhacinho ridículo". Tais conversas íntimas formavam a maior parte das 3 mil gravações transcritas apenas para os olhos de Himmler, mas ocasionalmente a paciência era recompensada com informações de significância militar.

No verão de 1940, o Ministro dos Assuntos Exteriores espanhol, Ramón Serrano Suñer, divulgou o fato de que seu país pretendia ocupar Gibraltar, algo que ameaçaria as rotas de suprimentos dos alemães para a Afrika Korps de Rommel. Consequentemente, os alemães criaram planos para ocupar a Rocha sem o apoio de seus aliados, algo que, se lograssem êxito, teria eliminado um atalho para a Marinha britânica através do Estreito de Gibraltar, forçando-os a usar uma rota mais longa ao redor da África. Mas uma combinação de fatores impediu que o plano fosse implementado – entre eles a prioridade que Hitler deu à invasão da Rússia e a falta de cooperação oferecida pelo general Franco.

O bordel de alta classe em Giesebrechtstrasse prometia fornecer aos nazistas mais informações importantes, mas foi preciso apenas um simples lapso para prejudicar toda a operação. Agentes britânicos monitoraram o prédio desde o começo.

No inverno de 1940, chegou à atenção de um oficial da inteligência britânica, Roger Wilson, a informação de que muitos nazistas de alto escalão e rostos familiares do partido frequentavam aquele prédio residencial anônimo que parecia não possuir função oficial ou militar. Além disso, trabalhadores vestindo macacões novos foram observados agindo de modo suspeito enquanto instalavam um grosso cabo saindo do quartel-general da SD, que ficava em uma rua vizinha ao bordel.

Wilson na ocasião se apresentava como secretário de imprensa júnior na embaixada romena e, portanto, pôde usar seu disfarce para visitar o Salon Kitty para observar por si próprio o que se passava e como os britânicos poderiam grampear o prédio. Assim que confirmou suas suspeitas, foi uma simples questão de interceptar o cabo e ouvir tudo que era captado pelos microfones escondidos.

Por três anos, os britânicos ouviram os segredos íntimos dos oficiais nazistas, incluindo os shows lésbicos do dr. Goebbels, mas pouca informação de importância estratégica foi captada antes de um ataque aéreo dos Aliados em julho de 1942 interronper o funcionamento do Salon Kitty. Quando finalmente reabriu, a SD não viu razão para retornar. Madame Kitty recebeu autorização para voltar ao andar térreo desde que mantivesse silêncio sobre o que havia acontecido no número 11 da Giesebrechtstrasse. Quanto aos 25 mil discos gravados no porão, acredita-se que ainda estão trancados nos cofres do antigo quartel-general dos serviços secretos da Alemanha Oriental.

Capítulo Dois

OS CAPANGAS DE HITLER

"Ciência crítica, pseudociência e fraudes...
O solo estava fértil para as mais absurdas e baixas superstições
políticas de massa. Essa era a fé em Adolf Hitler."
Thomas Mann (romancista)

Assim como todas as organizações criminosas, a liderança nazista apresentava uma frente conjunta, unida pelo juramento de lealdade a seu líder Adolf Hitler, mas nos bastidores detestavam uns aos outros. Albert Speer comparou a luta pela atenção de Hitler com os conflitos entre os Bórgia.

"Eles realmente eram indivíduos muito grosseiros", escreveu Speer, enquanto separava Goebbels e Göring como as exceções à regra. Esses dois oficiais ele considerava "muito inteligentes", embora Göring tivesse sido corrompido por seu vício em morfina, enquanto Goebbels ele julgava ser meramente "perigoso".

LUTA PELO PODER

A amarga rivalidade e conflitos entre os membros da liderança nazista eram um segredo público entre os jornalistas estrangeiros da época. Entretanto, nem mesmo eles perceberam o quão perto de derrubar o ditador chegaram as facções rivais da Alemanha.

O correspondente em Berlim da revista *The Spectator* relatou em 23 de fevereiro de 1940 que havia uma "crescente oposição e descontentamento" em relação a Hitler entre aqueles que temiam que a guerra pudesse suscitar uma "nova e ainda pior Versalhes" caso os Aliados vencessem. Tais ideias seriam silenciadas com a queda da França, a ocupação dos Países Baixos e a evacuação dos britânicos em Dunquerque em maio, mas nos meses que precederam a *blitzkrieg* nazista houve significativa oposição aos planos de conquista de Hitler dentro das Forças Armadas alemãs. As várias facções se alinharam com líderes do governo nazista que acreditavam ser capazes de oferecer um rosto "mais razoável" ao regime e de alcançar "acomodação" com os britânicos para prevenir um conflito global.

A oposição alemã estava dividida em dois campos, o mais forte se aliando a Göring e aos generais, e o outro acreditando que o regime só poderia ser derrubado quando a guerra começasse e a Alemanha despertasse da loucura de seguir o ditador para uma derrota inevitável. Na visão dos correspondentes internacionais, esse último grupo não possuía um líder forte e decisivo que pudesse persuadir o povo alemão a apoiar a deposição de Hitler, enquanto o primeiro esperava que Göring tomasse o controle assim que Hitler caísse e que o Reichsmarschall pudesse ser persuadido a liderar uma administração nacional-socialista "mais moderada".

A revista *The Spectator* admitiu que havia uma luta pelo poder em andamento entre os líderes do partido, provocada por Göring e direcionada principalmente contra Von Ribbentrop, Goebbels e Himmler. Acreditava-se que Göring possuía o apoio do Delegado do Führer, Rudolf Hess, do Ministro do Interior, Wilhelm Frick, e outros.

> A maioria dos generais também apoia Göring, que conquistou os líderes da indústria e finanças, além da Intelligentsia. Já que Göring também é o líder nazista mais popular entre as massas, ele é considerado em todos esses círculos como o único homem que pode unir o povo alemão. Ele também possui força de caráter suficiente para não hesitar diante de qualquer decisão ou responsabilidade e, portanto, pode garantir que reformas internas sejam realizadas e os abusos do sistema eliminados.

Dizia-se que, em meio à atmosfera febril dos ministérios de Berlim, a grande questão não era o que Hitler faria em seguida, mas o que Göring poderia tentar e se ele seria bem-sucedido. Pois fora Göring o encarregado de implementar o Plano de Quatro Anos (para garantir a autossuficiência econômica da Alemanha) e, ao aceitar a responsabilidade, ele se tornara o "líder" *de facto* da Alemanha.

As divisões internas foram salientadas pela inimizade entre Göring e o Ministro das Relações Exteriores, Joachim von Ribbentrop, que havia negociado o pacto de não agressão com a União Soviética em agosto de 1939 sem o conhecimento de Göring e sem consultar a liderança militar. Foi relatado na época que Göring deixou claro que nunca perdoaria Von Ribbentrop por esse lapso público e que, desde então, o líder vinha "trabalhando pela queda de Ribbentrop do poder".

Não foi apenas a ideia de ter sido deixado de fora desse pacto histórico entre a Alemanha e a União Soviética que não caiu bem com o Reichsmarschall, mas também o erro estratégico que Von Ribbentrop cometera ao entregar a Noruega e a Finlândia a Moscou em troca de garantias praticamente inúteis de apoio contra os britânicos e uma mão livre no sul da Europa. Sob o pacto, a URSS pôde estabelecer uma base estratégica sobre o Atlântico na costa norueguesa. Em retaliação, Göring vazou os detalhes do acordo antes de seu anúncio oficial para expor Von Ribbentrop na pior luz possível, pois se os soviéticos tivessem uma base naval perto da fronteira finlandesa e presença na ilha norueguesa de Spitsbergen, isso representaria uma ameaça à Marinha britânica e faria qualquer futura conversa de paz com os britânicos parecer mera bravata política alemã.

Mas enquanto a inimizade entre Göring e Von Ribbentrop era pouco mais do que uma guerra de palavras, jornalistas estrangeiros escreviam histórias que alegavam diretamente que Göring "queria remover Goebbels, Himmler e Heydrich" do governo. Göring e Goebbels eram considerados "velhos inimigos", enquanto a hostilidade entre Göring e Himmler, e seu imediato Reinhard Heydrich, vinha do fato de que Göring sentia que sua autoridade, e mesmo sua vida, estavam sob ameaça devido ao rápido aumento de poder de Himmler e sua polícia secreta, a Gestapo.

Foi relatado na imprensa internacional que Göring planejava acabar com Himmler e seu imediato, da mesma maneira com que havia eliminado Röhm na Noite das Facas Longas, em junho de 1934. Se Göring obtivesse sucesso, pensava-se que sua popularidade entre o povo alemão e sua influência com os oficiais militares se beneficiariam, pois Himmler e a Gestapo eram detestados e temidos tanto pelas massas quanto pela liderança dos militares. Esses últimos haviam manifestado seu repúdio às atrocidades cometidas pelos esquadrões da morte da SS na Polônia no ano anterior e pelas atividades da Gestapo dentro da própria Alemanha. Quando Hitler fez a saudação aos soldados vitoriosos em Varsóvia em 5 de outubro de 1939, após a rendição da Polônia, oficiais da Wehrmacht[6] se distanciaram fisicamente de Himmler, que ficou isolado e sozinho.

JOSEPH GOEBBELS (29 DE OUTUBRO 1897 - 1º DE MAIO DE 1945)

> "Entraremos para a história como os maiores estadistas de nosso tempo, ou como os maiores criminosos."
>
> JOSEPH GOEBBELS

Os nazistas originalmente se apresentavam como um movimento popular, um partido do povo prometendo "trabalho e pão" para os pobres, mas a ala socialista da organização no norte da Alemanha, sob a liderança de Gregor Strasser, logo caiu em uma violenta divergência com o grupo dominante no sul, liderado por Adolf Hitler.

O antagonismo entre os dois elementos chegou ao ápice em 1925, quando todos os oficiais do partido do norte foram convocados para uma reunião. Eles acusaram o contingente de Munique de corrupção e de satisfazer a vontade dos industrialistas que os financiavam.

Strasser exigiu que o partido mantivesse seu programa socialista para atrair os trabalhadores que simpatizavam com o Partido Comunista, tendo declarado também que o programa produzido pela ala sulista era confuso e contraditório. Mais importante, os apoiadores de Strasser desaprovavam o desdém arrogante de Hitler a respeito de suas opiniões e sua insistência de que o partido deveria descartar todas as noções de uma organização democrática e, em vez disso, se submeter ao *Führerprinzip* (o princípio da liderança).

6 Wehrmacht, ou "Força de Defesa", foi o conjunto das Forças Armadas alemãs durante o Reich, englobando o Exército, a Marinha e a Aeronáutica. (N. E.)

Quando o debate ameaçou se tornar violento, o secretário de Strasser subiu ao palco e pediu calma, depois exigiu a resignação do "recém-chegado" Hitler.

"Proponho que o burguês insignificante Adolf Hitler seja expulso do partido!".

Quem disse isso foi o dr. Joseph Goebbels, que logo se tornaria o maior defensor de Hitler. Vinte anos depois, ele cometeria suicídio com sua esposa depois de envenenarem seus filhos para que não vivessem em um mundo sem seu Führer.

Goebbels considerava a si mesmo um homem de princípios, mas evidentemente esses princípios estavam à venda. Em fevereiro de 1926, Hitler sabia que era impossível evitar um confronto com Strasser e seus apoiadores, então ele concordou em participar de uma reunião, mas sob seus próprios termos. Seria realizada em um dia de semana quando a maioria dos membros da facção rival estaria trabalhando. Strasser, Goebbels e seus apoiadores então estariam em minoria e seriam intimidados pela presença dos ricos industrialistas.

Ao final da reunião, Strasser e Goebbels não tiveram escolha a não ser retirar suas objeções e prometer apoio a Hitler, que suspeitava que ambos descumpriam a promessa assim que deixassem a Bavária.

Strasser fora um convertido de primeira hora à causa nacionalista extremista, juntando-se ao NSDAP (Partido Nacional-Socialista dos Trabalhadores Alemães) em 1920, um ano depois da formação da organização. Ele se tornaria um teimoso e forte oponente até seu assassinato, na Noite das Facas Longas, que ocorreu em 30 de junho de 1934. Mas Goebbels pareceu a Hitler alguém que podia ser persuadido a abandonar seus princípios pelo preço certo.

Dois meses após a reunião em Bamberg, Hitler convidou Goebbels a discursar na cervejaria Bürgerbräukeller, o ponto de encontro do nacional-socialismo, onde o Putsch de Munique de Novembro de 1923 fora planejado.

Foi um convite que o inescrupuloso e arrogante ex-estudante de filosofia não podia recusar. Hitler astutamente alimentou o ego de Goebbels, recebendo-o como convidado de honra. Após andar por Munique em uma limusine, Goebbels ficou em uma suíte do melhor hotel. Depois foi paparicado por seus anfitriões e teve preocupações ouvidas com uma cordialidade ensaiada. Quando retornou a Elberfeld, Goebbels havia "enxergado a luz", como disse em uma carta bajuladora que escreveu mais tarde para Hitler. Ele então condenou publicamente Strasser em um artigo malicioso, publicado no jornal nazista *Völkischer Beobachter*, um ato de flagrante oportunismo político pelo qual Hitler o recompensou com a posição de Gauleiter (líder distrital) de Berlim.

O ORADOR

Goebbels provou seu valor várias vezes durante as campanhas seguintes. Em uma ocasião, ele contornou o problema de ter o convite ao debate negado pelo oponente, Chanceler Brüning, de forma sagaz: tocando um gramofone de um discurso recente do adversário e o interrompendo sempre que queria argumentar algo. Foi uma artimanha que atraiu muita publicidade gratuita para o partido nos principais jornais, além de fazer Brüning parecer um tolo.

Uma vez que Goebbels demonstrou seu talento para protagonizar tais eventos, foi convidado a assumir um papel ativo na administração das aparições públicas de Hitler. Foi Goebbels, mais do que qualquer outra personalidade na liderança nazista, quem cunhou as familiares frases associadas com o nazismo e criou a imagem do Führer que permanece até hoje.

Goebbels apresentou Hitler como o salvador da Alemanha, anunciando sua entrada com uma fanfarra e música marcial. A pompa e ostentação da Roma antiga que Goebbels havia lido em sua juventude agora se tornavam o cenário para um império militar semelhante, o

GOEBBELS APRESENTOU HITLER COMO O SALVADOR DA ALEMANHA, ANUNCIANDO SUA ENTRADA COM FANFARRA E MÚSICA MARCIAL.

Terceiro Reich, que o "pequeno general roedor" proclamava que duraria mil anos.

Embora em público Goebbels endossasse com entusiasmo tudo o que Hitler dizia, nos bastidores ele declarava que os dois eram muito diferentes.

Hitler acreditava em tudo que dizia, enquanto Goebbels admitiu que suas próprias declarações públicas eram puramente teatrais. Ele não possuía nada além de desprezo pelas massas e repetidamente o afirmava.

Quando jovem, Goebbels fora um ávido leitor e admirador do filósofo romano e teórico político Cícero, que havia dado à sua mãe a ideia de que seu filho deveria entrar para a Igreja. Mas após uma discussão acalorada com o padre da família, ficou decidido que ele possuía inclinação para ser ateu, e então aconselhou-se que procurasse outra vocação. Ele não encontraria seu deus até conhecer Hitler.

Goebbels era devotado a Hitler, mas não ao partido. O credo nacional-socialista do qual Goebbels já fora um defensor fervoroso – que pregava a nacionalização das instituições financeiras, a abolição das taxas de juros e redistribuição da terra aos pobres – era deixado de lado tão casualmente quanto ele descartava uma amante.

O CARNEIRO

Goebbels logo assumiu o improvável papel de sedutor predatório do regime. Correspondentes estrangeiros lembram que ele repassava detalhes indecentes de suas conquistas para cultivar a imagem de mulherengo incorrigível.

Mesmo que não tivesse se deitado com todas as mulheres que alegava ter seduzido, ele queria promover a ideia de que era capaz de fazer isso para incrementar sua imagem e reputação.

Assim como fizera em sua juventude, ele usou seu intelecto, charme superficial e sagacidade cáustica para impressionar uma sucessão de mulheres e para compensar sua deformidade física[7] e evidente complexo de inferioridade. O desprezo de Himmler por Goebbels vinha da busca desse último por jovens estrelas do cinema e sua descarada ostentação dessas conquistas, que Himmler achava moralmente repreensível.

"Homens do tipo do dr. Goebbels sempre foram estranhos para mim", declarou o Reichsführer em 1939, "embora eu não faça juízo a respeito. Mas hoje ele é o homem mais odiado na Alemanha. Nós costumávamos reclamar de diretores judeus assediando sexualmente suas funcionárias. Agora quem está fazendo isso é o dr. Goebbels."

Não é preciso dizer que, se Goebbels não conseguisse o que queria, tornava-se mesquinho e rancoroso. Mais de uma atriz teve sua carreira interrompida após recusar seus avanços. Ele era um homem particularmente vingativo que uma vez se gabou: "O ódio é a minha profissão." Esse ódio tinha raízes na rejeição.

Assim como Hitler, Goebbels sofrera na juventude após suas peças serem rejeitadas pelos diretores e produtores teatrais, e suas tentativas de encontrar emprego como jornalista terem resultado apenas em rejeição. E, assim como Hitler, ele culpava os outros por seu insucesso, projetando suas deficiências sobre aqueles que imaginava haverem conspirado para excluí-lo de seu merecido e elevado lugar no mundo. Sua personalidade maligna e egocêntrica simplesmente não podia aceitar fracassos e ele recuava para dentro daquilo que é conhecido na psicopatologia clínica como "o eu ferido". Sua única esperança de curar o ferimento era contra-atacando aqueles que ofenderam seu frágil e inflado ego.

Nada passaria sem revanche; nenhuma dúvida lançada sobre suas habilidades passaria incólume. Quando rumores começaram a

7 Goebbels sofria de uma deformidade congênita, tendo nascido com uma perna mais curta do que a outra. (N. E.)

circular dizendo que ele não possuía origens arianas puras, Goebbels os esmagou fazendo "especialistas" em etnologia criarem uma nova categoria para explicar sua aparência morena. Eles o classificaram como um "*nachgedunkelter Schrumpfgermane*" (um alemão moreno do tipo anão).

ESTILO DE VIDA LUXUOSO

Himmler não escondia sua profunda desaprovação ao estilo de vida extravagante de Goebbels e seus gastos desenfreados, que incluíam a aquisição de três casas substanciais, uma frota de carros esportivos, um iate de luxo e uma lancha, tudo comprado com dinheiro estatal. O Reichsführer considerava isso uma traição dos ideais nacional-socialistas. E ele também não se deixava enganar quando Goebbels defendia hipocritamente a solidariedade pelos trabalhadores, insistindo que seus convidados doassem seus cupons de racionamento quando jantavam em sua casa.

A residência principal de Goebbels, ao norte de Berlim, abrangia não menos do que cinco mansões separadas, a principal delas contendo vinte e um quartos, um cinema privado, cinco banheiros, janelas elétricas e um sistema de ar-condicionado ultramoderno. O custo total de construção foi de 2,26 milhões de reichsmarks que, nesse caso, foram pagos pela UFA, o estúdio de filmagens nacional do qual Goebbels se tornara diretor. Quando a decoração e a mobília foram consideradas insatisfatórias, ele simplesmente sacou a quantia necessária do orçamento de outros departamentos sob seu controle.

Para agravar o desaforo, o "anão peçonhento" ostentava seu estilo de vida enquanto alegava que passava dificuldades. Ele disse a colegas:

> Se eu fosse contar as coisas que não posso fazer em minha vida por ser quem sou, então eu provaria a vocês que 80% das coisas que outras pessoas fazem eu não tenho liberdade para fazer... Se eu for comprar um novo terno, primeiro preciso checar: esta loja é judaica?

Gastos menos divulgados incluíam uma manicure regular e lições de etiqueta social para o filho de um trabalhador de fábrica que se tornara amargo por causa de sua deformidade congênita (resultado de uma operação fracassada em seu pé direito deformado) e seu fracasso em satisfazer suas ambições artísticas.

Em abril de 1936, o Ministro das Finanças nazista, Hjalmar Schacht, tentou restringir as extravagâncias de Goebbels recomendando que Göring fosse nomeado Comissário de Matérias-Primas e Câmbio. Schacht era astuto o bastante para perceber que a única maneira de controlar Goebbels era fazê-lo responder a seu odiado rival. Infelizmente, Göring era indolente demais para ficar de olho nos gastos de Goebbels e era incapaz de entender os princípios mais básicos de economia, o que o tornava o candidato ideal para gerir a imprudente economia nazista.

Ao considerar seus luxos como despesas legítimas de seus deveres oficiais e pagando por eles com a indústria do cinema, Goebbels foi capaz de continuar com seu estilo de vida extravagante sem a interferência de Göring.

IMPOSSÍVEL DE CARACTERIZAR

Mas a incessante ostentação das conquistas sexuais de Goebbels e os flagrantes gastos exagerados do dinheiro do partido não foram as únicas atividades que atraíram críticas de seus inimigos dentro do partido. Seus rivais possuíam boa memória c não o perdoavam pela recepção desastrosa que ele organizara para celebrar a abertura dos Jogos Olímpicos de Berlim em 1936. Em um raro lapso de julgamento, o Ministro da Propaganda fora persuadido a convidar "velhos camaradas" dos dias de "luta", capangas da SA que logo se tornaram bêbados violentos, para o horror dos outros convidados: a nata da sociedade berlinense e inúmeros dignitários estrangeiros.

A opinião de Himmler sobre a devassidão e exploração sexual de

Goebbels era compartilhada pela população geral, que não se deixava enganar pela falsidade do Ministro da Propaganda. Quando o namorado da atriz tcheca Lida Baarova espancou seu amante nazista no verão de 1937, o público se deleitou nos detalhes escandalosos e considerou que não fora nada além do que Goebbels merecia.

Aqueles que sofreram diretamente sob as leis nazistas eram, obviamente, imunes ao seu charme asqueroso. O romancista judeu Victor Klemperer o resumiu assim:

> Ele é o único no governo com educação, um homem com educação pela metade no meio de analfabetos... Ele geralmente é chamado de o "cérebro"do governo. Se é assim, então as exigências sobre ele devem ser realmente modestas.

Goebbels era, entretanto, um orador convincente que obteve muito sucesso persuadindo as massas de que a introdução de decretos antissemitas e outras medidas para proteger o Estado contra os "inimigos internos" eram justificáveis, mas sua campanha anticlerical falhou e prejudicou sua imagem diante dos olhos do público. Ele havia subestimado a profundeza do sentimento religioso tanto da comunidade católica quanto da protestante, que reagiram com repulsa quando ele atacou a Igreja com acusações infundadas de indecências sexuais e alegações de corrupção.

Aqueles que trabalhavam com Goebbels enxergavam seu outro lado. Otto Jacobs, um estenógrafo do Ministério da Propaganda, descreveu seu chefe como um homem que "nunca perde o controle", "calculista" e "frio". Outros o consideravam impossível de caracterizar. Dietrich Evers, um editor de fotos que trabalhou na propaganda da Wehrmacht, descreveu-o como sempre exibindo a mesma expressão neutra.

"Era impossível enxergar o coração de Goebbels... nós simplesmente não conseguíamos decifrá-lo."

UM HOMEM DE POUCOS AMIGOS

Goebbels não mantinha nenhuma ilusão sobre como seus colegas na administração o enxergavam. Ele confidenciou em seu diário: "Tenho poucos amigos no partido: Hitler é quase o único. Ele concorda comigo em tudo. Ele sempre estará ao meu lado."

Isso estava longe de ser uma imagem verdadeira de sua relação com Hitler. Por outro lado, Goebbels escrevia seus volumosos diários de olho na posteridade, pois tinha certeza de que seriam publicados. Ele recebera do editor Max Amann um pagamento adiantado de 350 mil marcos, com o qual comprou uma casa de campo nos arredores de Berlim. Mesmo se não tivesse recebido garantias de que seria publicado, é provável que ele se sentisse compelido a registrar suas conquistas políticas e sexuais, ao menos para tranquilizar a si mesmo de que sua percepção distorcida da realidade estava correta. Ele evidentemente acreditava em seu próprio dogma de que uma mentira repetida várias vezes eventualmente é aceita como fato.

A secretária do Führer, Traudl Junge, provavelmente estava mais perto da verdade quando observou:

> Hitler admirava muito Goebbels e respeitava sua habilidade. Mas não havia amizade ali. Hitler conhecia a fraqueza de Goebbels: de que ele explorava sua posição para pôr as mãos em atrizes. E isso era completamente estranho à natureza de Hitler.

Após Hitler proibir Goebbels de continuar seu caso com a atriz tcheca Lida Baarova, o Ministro da Propaganda foi excluído de suas funções formais. Não fosse o assassinato de um diplomata júnior nazista em Paris no dia 9 de novembro de 1938 por um jovem judeu, Goebbels não teria oportunidade de impressionar Hitler com uma demonstração de seu zelo nacional-socialista. Ao orquestrar a destruição de sinagogas, empresas e propriedades privadas judaicas

GOEBBELS ERA UM HOMEM QUE "NUNCA PERDIA O CONTROLE"... ERA IMPOSSÍVEL ENXERGAR SEU CORAÇÃO... SIMPLESMENTE NÃO CONSEGUÍAMOS DECIFRÁ-LO.

na Noite dos Cristais (Kristallnacht), Goebbels foi readmitido no círculo íntimo do Führer, embora seu ato tenha horrorizado outros membros da liderança nazista, os quais perceberam que não podiam mais colocar a culpa de tais ultrajes "espontâneos" em capangas bêbados da SA.

Alguns dos líderes nazistas ficaram revoltados com os eventos da Noite dos Cristais. Himmler reclamou que sua autoridade fora prejudicada pela "iniciativa" de Goebbels, enquanto Göring foi citado esbravejando que seu rival deveria ter matado os judeus em vez de destruir suas propriedades, já que poderiam ter sido tomadas pelo governo.

Hitler não possuía tais objeções, mas lhe preocupava que a imagem cuidadosamente cultivada do regime tivesse sido irreparavelmente prejudicada aos olhos de seus amigos no exterior. Agora seria mais difícil alegar que os relatos de perseguição nazista contra judeus alemães nos jornais estrangeiros foram exagerados pelos membros da imprensa "sionista".

Curiosamente, Goebbels não expressara sentimentos antissemitas até conhecer Hitler. Quando era um jovem estudante na Universidade de Heidelberg ele fora respeitoso com seu professor judeu Max Waldberg e desejava escrever sua dissertação final sob a orientação do historiador literário judeu Friedrich Gundolf. Ele até mesmo teve um caso que durou cinco anos, de 1922 a 1927, com uma jovem professora, Else Janke, que era metade judia; além disso, embora talvez tenha suspeitado que os diretores teatrais que rejeitaram suas peças fossem judeus, ele não se referia à religião deles quando falava amargamente sobre aquela época.

É significativo que ele apenas tenha inserido material antissemita em seu romance semiautobiográfico, intitulado *Michael*, quando a editora nazista se ofereceu para publicá-lo. Ele parece ter adotado uma atitude antissemita violenta no final de 1920 somente para atender os desejos de Hitler e vociferar em uníssono com seu ídolo.

Essa devoção fingida não impressionava os outros membros da hierarquia nazista, que riram disfarçadamente quando ouviram que Goebbels planejava nomear seus filhos em honra ao "Onkel Adolf" (Helge, Hilde, Helmut, Holde, Hedda e Heide). Aos olhos deles, uma bajulação tão descarada assim era desprezível.

MESTRE DA MANIPULAÇÃO

Goebbels acreditava firmemente na máxima de que "qualquer publicidade é boa publicidade". Enquanto alguns membros do partido manifestavam sua preocupação quanto à violência que surgia nas reuniões entre a SA e os agitadores comunistas, Goebbels persuadiu Hitler a deixar os capangas da SA quebrarem algumas cabeças se eles quisessem, pois Goebbels sabia que a publicidade atrairia o tipo de novos membros que esperavam ver alguma ação.

Quando a violência atraiu a atenção das autoridades de Berlim, os nazistas foram proibidos de organizar reuniões públicas na capital por dois anos. Goebbels, no entanto, não seria silenciado. Ele anunciou a publicação de um jornal semanal do partido, *Der Angriff* ("O Ataque"), com um pôster nas ruas que mostrava apenas o título e um ponto de interrogação para assegurar que a campanha se tornasse assunto de conversas.

Os artigos ferozmente antissemitas e os grosseiros cartuns políticos eram deliberadamente provocativos, difamando a polícia berlinense, vilificando os comunistas e ridicularizando o governo de Weimar, que os nazistas acusavam de ser ineficiente e impotente.

Começando como um semanário em 1927, com uma tiragem inicial de 2 mil cópias, ao final do inverno de 1930 o jornal havia se tornado diário com uma circulação de mais de 100 mil cópias. Três anos mais tarde, após os nazistas tomarem o poder, eles possuíam dois terços de todos os periódicos publicados na Alemanha e ditavam a política editorial dos três jornais mais vendidos, que eles permitiram que continuassem independentes para dar a impressão de que eram imparciais.

Como Ministro da Propaganda e Esclarecimento, Goebbels foi capaz de alimentar a imprensa com histórias que o regime queria dar publicidade. Nada era impresso sem sua aprovação. Seu memorando para os editores em 22 de outubro de 1936 foi uma ameaça velada para aqueles jornalistas que ainda imaginavam poder escrever o que quisessem:

> Mais uma vez aparecem notícias e histórias de fundo na imprensa alemã que exalam uma objetividade quase suicida e que são simplesmente irresponsáveis. O que não se quer são jornais editados sob o velho espírito Liberal. O que se quer é que jornais se alinhem com as doutrinas básicas da construção do Estado nacional-socialista.
> O que é necessário é que a imprensa siga cegamente o princípio básico: a liderança está sempre certa!

Todos os funcionários da mídia foram analisados e aqueles que comprovadamente nutriam simpatia pelo socialismo foram demitidos. Os que restaram foram obrigados a submeter suas notícias e artigos à agência de imprensa controlada pelo Estado, a DNB, para aprovação. Qualquer crítica ao regime era estritamente proibida.

A censura sufocou todas as formas de discurso livre. Até mesmo o entretenimento popular foi manchado pela propaganda nazista. A companhia cinematográfica nacional, UFA, foi informada de que teria que se sujeitar, ou seria fechada. Sob Goebbels, a companhia produziu vários filmes profundamente antissemitas, dentre os quais Jud Süss (*Süss, o judeu*, de 1940) foi de longe o mais notório. Mas Goebbels sabia que uma dieta incessante de propaganda provavelmente instigaria resistência em uma população que precisava escapar da realidade – desde restrições cada vez maiores, até o racionamento e os permanentes ataques aéreos – e, portanto, ele ordenou a criação de uma série de melodramas e musicais românticos exaltando os valores arianos e as virtudes do sacrifício pela família e pela pátria.

A CENSURA SUFOCOU TODAS AS FORMAS DE DISCURSO LIVRE. ATÉ MESMO O ENTRETENIMENTO POPULAR FOI MANCHADO PELA PROPAGANDA NAZISTA.

GUERRA INTELECTUAL

O rádio também foi usado para espalhar a mensagem para as massas. Milhares de rádios sem fio baratos, oficialmente chamados de *Volksempfänger* (o "receptor do povo"), mas conhecidos como o "focinho de Goebbels", foram produzidos com subsídio do Estado para venda por até 35 marcos, garantindo que quase todos os lares pudessem comprar um. Albert Speer estimou que, em 1939, 70% da população sintonizava para ouvir a Voz do Mestre: a voz do Führer ou de seu porta-voz, o dr. Goebbels.

Cada anúncio oficial era cuidadosamente orquestrado e planejado para garantir que até 80 milhões de ouvintes sintonizassem quando a notícia fosse transmitida. Donas de casa e idosos eram vistos como uma audiência cativa em suas casas, enquanto trabalhadores eram submetidos à música de fundo intercalada com propaganda em lojas de departamento, escritórios e fábricas.

Após o trabalho e nos fins de semana, o incessante processo de doutrinação continuava com rádios instalados em bares, cafés e outros pontos de encontro públicos. Os anúncios eram sincronizados para permitir que donas de casa interrompessem suas tarefas e mães acalmassem seus filhos. Tudo era parte de uma campanha que Goebbels chamava de "guerra intelectual".

É claro que havia restrições àquilo que o ouvinte podia ter acesso.

Os rádios de duas bandas podiam apenas receber sinais de estações locais e regionais ou da estação porta-voz do Estado, a RBC. A recepção era fraca demais para sintonizar transmissões estrangeiras.

Mas apesar de Goebbels incorporar a voz oficial do regime, em conversas privadas ele expressava sérias preocupações com relação aos objetivos de guerra de Hitler. Ele não compartilhava a crença de seu Führer de que eles teriam uma rápida e decisiva vitória e se tornou ainda mais pessimista quando a campanha na Rússia se voltou contra a Alemanha, no verão de 1943.

Foi então que ele implorou para Hitler chegar a um acordo com Stalin, mesmo significando a necessidade de recuar dos territórios ocupados no Oriente. Hitler se recusou a selar um acordo com os bolcheviques, e Goebbels foi forçado a encarar a sombria possibilidade de que o melhor que poderia fazer era atrasar o inevitável. Em um artigo de jornal intitulado "O Ano 2000", ele previu que, se a Alemanha fosse derrotada, os Aliados dividiriam a Europa entre eles e uma "cortina de ferro" separaria os antigos Aliados.

Quando os ataques aéreos dos Aliados começaram, Goebbels tentou fortalecer a determinação do povo denunciando os bombardeios como "ataques terroristas", e quando Hitler e o outros líderes nazistas se recusaram a serem vistos nas ruas destroçadas, Goebbels fez aparições públicas entre as ruínas. Ele acreditava que, ao fazer isso, reforçaria a determinação da Alemanha de lutar até o amargo fim.

MANIPULADOR DA OPINIÃO PÚBLICA

Embora Goebbels nunca tenha dado motivos para Hitler duvidar de sua lealdade, o Führer raramente confidenciava a ele seus planos de conquista. Nos meses que precederam a Operação Barbarossa, a invasão da União Soviética em 22 de junho de 1941, Goebbels foi mantido no escuro. No inverno de 1940, ele manifestou sua frustração em seu diário: "Mais cedo ou mais tarde teremos que acertar as contas com a Rússia. Quando, eu não sei, mas sei que acontecerá."

Hitler apenas informou seu Ministro da Propaganda quando precisou de Goebbels para disseminar falsos rumores de um ataque criado como distração contra os britânicos.

O líder procurou Goebbels novamente quando o avanço alemão emperrou, quatro semanas após a invasão. Ele procurou o "cérebro" do Terceiro Reich para explicar como o conquistador infalível e gênio militar fora induzido ao erro em relação ao poderio das forças soviéticas e suas armas. Goebbels então demonstrou seus talentos em tempos de adversidade – ele mentiu com total convicção. Usando os jornais, rádios e noticiários nos cinemas, Goebbels previu a iminente vitória sobre os "bolcheviques sub-humanos".

O jeito magistral como lidou com a humilhante derrota do Exército alemão em Stalingrado em fevereiro de 1943 afastou uma tentativa de Himmler de tomar o Ministério da Propaganda e o fez ganhar o respeito relutante de um povo acuado e cada vez mais desiludido. Goebbels, eles diziam, contou a verdade nua e crua: que mesmo o invencível Exército alemão não poderia sair sempre vitorioso e o sacrifício em tempos de guerra era inevitável, até mesmo necessário.

Mas mesmo encarando a terrível derrota no Oriente, o manipulador nazista descaradamente usou o mito apelativo do sacrifício heroico.

"O exército dos mortos não entregou suas armas", ele disse ao povo em um *Sondermeldung* ("anúncio especial"), transmitido após tocar uma gravação da música sentimental "I had some comrades" ("Eu tinha alguns camaradas"). "Eles marcham junto às fileiras dos soldados alemães."

Goebbels implorou a Hitler que fizesse um discurso semelhante para unir o povo após o choque da derrota, mas Hitler se recusou a aparecer em público e admitir aquilo que ele mesmo não conseguia aceitar. Então Goebbels foi deixado sozinho para fazer o discurso de sua vida em 18 de fevereiro de 1943 no vasto Sportpalast de Berlim, um discurso no qual pregava a "Guerra Total" para afastar a onda bolchevique. Não é preciso dizer que a multidão urrou em aprovação, deixando Goebbels zombando: "Se eu tivesse ordenado que pulassem da janela, eles teriam pulado!".

Claro, o público que assistiu ao noticiário nos cinemas mais tarde naquela semana não sabia que a multidão do estádio era formada por centenas de leais membros do partido instruídos a mostrar seu entusiasmo pelo discurso.

HERMANN GÖRING (12 DE JANEIRO DE 1893 – 15 DE OUTUBRO DE 1946)

Os rivais de Göring dentro do regime eram brutais em sua avaliação do Reichsmarschall, com Goebbels referindo-se a ele como "um gordo relaxado" e um "repulsivo velho devasso", em referência a seu hábito de usar maquiagem e vestir roupas de seda em uma imitação medíocre do compositor Richard Wagner.

"Ele é uma ameaça ao partido", Goebbels continuou. "Além disso, ele é tão burro quanto uma porta e é um preguiçoso."

Göring, por sua vez, considerava que seu adversário de língua ácida não possuía opiniões ou crenças genuínas que ele pudesse usar a seu favor. Goebbels, ele disse, era "demasiado ladrão e oportunista desonesto para ter qualquer sentimento profundo a favor ou contra alguma coisa... Ele era tão mentiroso que não valia a pena discutir qualquer coisa com ele."

Göring pode ter cultivado a imagem de uma figura jovial e Falstaffiana, mas ele não era um homem que se podia irritar sem sofrer retaliações. Mesmo após Hitler ter transferido a responsabilidade pela administração dos campos de concentração e a Gestapo para Himmler em 1934, Göring continuou a espionar seus rivais. Como chefe do Gabinete de Pesquisas do Ministério Aeronáutico, ele autorizou a instalação de grampos em telefones dos escritórios, ministérios e embaixadas do partido, mesmo da chancelaria. As informações que ele coletou dessa maneira foram cruciais nas semanas que precederam a Noite das Facas Longas, mas Göring logo se cansou das lutas políticas internas quando seu prestígio diminuiu e se retirou para seu palácio de campo nos arredores de Berlim.

O Reichsmarschall Hermann Göring cultivava uma imagem ridiculamente idealizada de si mesmo como o "último homem renascentista". O portentoso ex-chefe da Gestapo e comandante da Luftwaffe enxergava a si mesmo como um alegre bonachão e um homem do povo. Seus rivais no regime, entretanto, o enxergavam sob uma luz completamente diferente.

Diplomatas estrangeiros que tiveram a infelicidade de bater cabeça com o "Gordo" nos anos que antecederam a guerra também o descreviam com o mesmo desprezo. O embaixador francês na Alemanha, André François-Poncet, acusou Göring de ser "ardiloso", "frio" e "cruel", enquanto seu sucessor, Robert Coulondre, observou: "Göring é tão ridículo quanto perigoso."

Coulondre estava se referindo às ambições de Göring de construir uma formidável força aérea desafiando o Tratado de Versalhes e seu flagrante desprezo pelos efeitos prejudiciais que isso teria na economia alemã. Mas Coulondre também estava ciente do papel de Göring na renúncia de Hjalmar Schacht, o Ministro da Economia do Reich e presidente do Reichsbank, em dezembro de 1937, assim como o papel que ele desempenhara pouco mais de um mês depois ao planejar a queda do Ministro da Guerra, Werner von Blomberg, cujo posto ele cobiçava.

Seria simples para Göring ter forçado a renúncia de Blomberg, que havia escandalizado a sociedade ao se casar com uma ex-prostituta, mas isso não garantia que ele fosse herdar a posição. Ele primeiro teria de dividir espaço com seu provável substituto, Baron von Fritsch, comandante do Exército. Ao simplesmente acusar Fritsch de conduta inadequada para um oficial (com uma acusação desastrada envolvendo um garoto de programa homossexual), ele conseguiu que seu rival renunciasse. Entretanto, Göring não previu que Hitler assumiria ele próprio esse papel e lhe daria mais um título inócuo, o de Feldmarschall, um cargo honorário com pouca autoridade sobre o Estado-Maior General da Alemanha.

De qualquer maneira, Hitler não podia se dar ao luxo de alienar o único homem capaz de comandar em sua administração. No dia em que a Alemanha invadiu a Polônia, Hitler nomeou Göring como seu sucessor e, seis meses mais tarde, após a derrota da França e dos Países Baixos em maio de 1940, ele deu o título de Reichsmarschall para Göring, um posto acima de todos os oficiais das Forças Armadas alemãs.

VICIADO EM MORFINA

Entretanto, a notória aspereza de Göring e seu hábito de intimidar tanto seus pilotos quanto sua equipe ministerial não contou a favor com seus subordinados. O general da Luftwaffe, Helmuth Förster, possuía pouco respeito por seu superior, acusando-o de ser um "patético viciado em morfina" que cochilava em reuniões após passar o efeito da droga.

O vício de Göring se originou em 1923 após ele sofrer um tiro na virilha durante o fracassado Putsch de Munique, quando Hitler e seus capangas da SA tentaram derrubar o governo da Bavária. O ferido Göring havia escapado da prisão viajando para a Áustria e depois para a Suécia com sua primeira esposa, Carin von Kantzow, a filha de um barão sueco. Lá, ele foi diagnosticado com uma séria desordem nervosa e foi internado em um sanatório em Långbro, onde passou cinco semanas, de 2 de setembro a 7 de outubro, em observação.

Sua ficha médica o descrevia como um paciente altamente emocional e "difícil"; um histérico egocêntrico sofrendo de um complexo de perseguição e atormentado por visões e vozes. Ele atacava os funcionários e tentou o suicídio em várias ocasiões. Também se dizia que ele possuía uma "exagerada autoconfiança" quando não ficava se culpando por seus fracassos.

Nesse tempo ele já estava se injetando quase diariamente com um derivado de morfina e logo se tornou uma caricatura de si mesmo. Mas Göring não estava disposto ou era incapaz de se livrar da droga, e era constantemente criticado por sua esposa por causa de seu hábito e falta de força de vontade. Essa avaliação era apoiada por um de seus médicos, que acusou o teimoso paciente de não possuir a "coragem moral fundamental".

OS PRIMEIROS DIAS

Ao receber alta, Göring tentou voltar a um caminho virtuoso com um trabalho vendendo motores de avião, mas acabou sendo internado outra vez em 22 de maio de 1926 por mais um mês, após o qual ele se declarou curado. Göring então retornou para a Alemanha, aproveitando uma anistia para os acusados de ofensas políticas e se reencontrou com Hitler.

Göring estava então sofrendo de insônia crônica e ganhando peso, apesar de seu vício em pílulas para emagrecer. Hitler, no entanto, considerava que suas origens aristocráticas e habilidades sociais poderiam ser úteis para o partido, sem mencionar seu invejável histórico militar com o esquadrão do Barão Von Richthofen, pelo qual ele recebera a medalha Blue Max (Pour le Mérite) ao derrubar mais de vinte aviões britânicos. Mas os registros oficiais podem não ter refletido os fatos. Foi alegado que Göring havia derrubado apenas quinze aviões inimigos. E seus registros também não mencionam o tempo em que ele fraudou papéis autorizando sua transferência do regimento de infantaria para a escola de aviação, e nem o fato de que havia escapado por pouco da corte marcial por causa da intervenção de seu padrinho judeu, o dr. Hermann von Epenstein.

A mãe de Göring fora amante de Epenstein por quinze anos, e durante esse tempo seu filho tivera uma vida de luxo no castelo de seu amante, em Mauterndorf. Lá, eles foram servidos por um pequeno exército de criados, embalados por trovadores. Mais tarde, eles moraram no castelo de Veldenstein, perto de Nuremberg, outra vez como convidados de Epenstein até ele trocar *Frau* Göring por uma mulher mais jovem. Mas fora um tempo idílico para o qual Göring, já adulto, sonhava em retornar.

Como consequência, Göring se sentia no direito de viver a vida de um aristocrata, embora tivesse nascido sem um título de nobreza e nunca conquistado algo semelhante.

CARINHALL

Quando os nazistas ganharam o poder em 1933, Göring possuía os meios para comprar Carinhall, um retiro no campo de 100 mil acres em Schorfheide, ao norte de Berlim, onde ele podia bancar o senhor da mansão, vagando pela propriedade vestido com roupa de caça de couro e carregando arco e flecha. Ele considerava a si mesmo um grande caçador corajoso, mas seus convidados recordam que ele se sentava em um lugar escondido por horas esperando que sua presa se posicionasse ao alcance de sua arma ou arco.

Apesar de gostar de perseguir e matar animais indefesos, ele aparentemente levava a sério suas responsabilidades como Reichsjägermeister e Reichsforstmeister, repovoando as florestas ao redor com alces importados da Suécia e bisões importados da América do Norte. Ele também instigava um programa de renovação de regiões desmatadas e endureceu as leis de caça para garantir que houvesse um número suficiente de pássaros e animais selvagens para que seus colegas caçadores trucidassem.

Carinhall foi nomeado em memória da primeira esposa de Göring, cujo corpo ele ordenara que fosse exumado e enterrado novamente na propriedade, para que ele pudesse continuar a adorá-la, para a consternação de sua segunda esposa, a atriz alemã Emma Sonnemann, ou "Emmy", como era conhecida.

Emmy era casada e mãe de um garoto de nove anos quando eles se conheceram. Seu casamento na Igreja em Berlim, em 10 de abril de 1935, foi planejado para demonstrar o poderio da Luftwaffe de Göring, que voou em formação enquanto milhares de tropas marchavam fazendo a saudação. Hitler aceitou ser padrinho na cerimônia, que durou pouco mais de dez minutos, mas sabia-se que ele odiava Emmy, a quem descreveu como "o câncer dentro de Göring". Hitler a culpava por "suavizar" seu camarada, que antes era frio e impiedoso, e desde então passou a se referir ao seu antigo braço-direito como "uma velha".

A mansão em Carinhall fora criada pelo arquiteto Werner March, que havia planejado o Estádio Olímpico de Berlim. Mas nunca foi grande o bastante para satisfazer seu dono e o imenso ego dele.

Um estúdio foi construído com um teto abobadado inspirado na biblioteca do Vaticano, e recebeu uma imponente escrivaninha de sete metros, cravejada de pedras preciosas e ornada com suásticas. Outras expansões foram feitas na mansão principal e novas instalações foram acrescentadas, incluindo uma quadra de tênis e uma piscina interna.

A mansão também recebeu uma inestimável coleção de arte que rivalizava com os grandes museus e galerias da Europa, algo que não era surpreendente, já que Göring havia adquirido as melhores peças de sua coleção diretamente dessas mesmas galerias, assim como das melhores coleções privadas da Alemanha, Holanda e França, fazendo uma oferta irrecusável aos proprietários.

Cinco inestimáveis retratos de Rembrandt foram pendurados em suas paredes, junto de obras-primas de Goya, Rubens, Van Dyck e Velázquez. Havia estátuas clássicas greco-romanas na propriedade que não destoariam se estivessem no Palácio de Versalhes, e inestimáveis tapeçarias Gobelin forravam as paredes, que também receberam troféus de caça, armaduras, armas medievais e antiguidades, completando a imagem de grandeza baronial. Era um cenário magnífico onde Göring celebrava suas luxuosas festas, com comida própria de um rei servida em pratos dourados e consumida usando talheres de prata gravados com o fictício brasão de armas de Göring.

UM "NERO PERFUMADO"

Até o final, seus enviados voltavam dos territórios ocupados trazendo carga roubada, antiguidades e arte, até os vastos quartos de Carinhall e suas outras propriedades no campo transbordarem com tesouros. Quando a família deu a ordem para evacuar Carinhall antes de sua demolição em 28 de abril de 1945, toda a coleção foi apressadamente empacotada em um comboio de caminhões e levada para os trilhos de trem. Então tudo foi carregado em um trem com destino a Berchtesgaden, onde Göring esperava que ele e suas preciosas posses não fossem cair nas mãos dos russos, que avançavam cada vez mais. De lá, tudo foi cuidadosamente carregado e armazenado em uma instalação da Luftwaffe. Só as pinturas ocuparam quatorze salas, as estátuas mais quatro, e outras foram preenchidas do chão ao teto com caixotes de louças valiosas. Até mesmo a capela precisou ter os bancos retirados para acomodar seu mobiliário renascentista.

> SÓ AS PINTURAS DE GÖRING OCUPARAM QUATORZE SALAS, AS ESTÁTUAS MAIS QUATRO, E OUTRAS SALAS FICARAM CHEIAS DE CAIXOTES DE LOUÇAS VALIOSAS.

O público alemão não fazia ideia do

estilo de vida luxuoso que seus líderes levavam, embora soubessem que cada membro do círculo íntimo de Hitler possuía uma magnífica vila privada em Berlim e outra residência igualmente luxuosa em Obersalzberg. (Esse lindo retiro na montanha, onde Hitler também morou, ficava acima da cidade de Berchtergaden.) Além disso, muitos testemunhavam Goebbels participando de estreias no cinema de braços dados com lindas jovens estrelas e Göring posando para fotografias em sua propriedade para os jornais e revistas, como se ele próprio fosse uma estrela de cinema. Entretanto, a percepção pública, ao menos na Alemanha, era que Göring não era mais corrupto do que qualquer outro político e que ele evidentemente gostava de sua cerveja e comida tanto quanto um homem comum da Bavária. Ele não era visto como uma ameaça, diferente de Goebbels, que geralmente era encarado com desconfiança. Mas aqueles que flagravam o Reichsmarschall nos bastidores enxergavam uma figura pretensiosa, descaradamente autoindulgente e debochada, um "Nero perfumado", como descreveu uma testemunha.

O diplomata suíço Carl Burckhardt testemunhou Göring deitando em um divã com uma perna das calças enrolada até o joelho, expondo meias de seda vermelhas "como um cardeal", com uma expressão petulante em seu rosto inchado, sua boca "encolhida e franzida como a de uma velha mulher". Outro convidado, o diplomata alemão Ulrich von Hassel, notou que Göring mudava suas roupas várias vezes por dia, muitas vezes aparecendo para o jantar com um quimono ou uma toga de estilo romano com um fecho dourado e chinelos forrados, seus dedos gordos repletos de anéis luxuosos. Outros se lembram de vê-lo vestido com uma jaqueta de veludo, camisa desabotoada e bermuda com sapatos de cadarços dourados, a imagem de um pequeno aristocrata envaidecido.

AUTOPIEDADE

O estilo de vida opulento em Carinhall é bem documentado, mas Göring adquiriu outras propriedades palacianas para complementar sua lista de títulos oficiais durante seu reinado como imediato de Hitler. Como Ministro Presidente da Prússia, ele mandou remobiliar uma residência oficial em Leipziger Platz em Berlim às custas do Estado, além de uma cabana de caça em Rominten Heath na Prússia Oriental (que fora propriedade do Kaiser Wilhelm II), uma casa de verão na ilha alemã de Sylt e uma casa de montanha em Obersalzberg, em Berchtesgaden. Ele também tomou posse de dois castelos que pertenceram a seu padrasto falecido.

Sua extravagância não se restringia ao círculo privado. Ele empregava mais de cem pessoas em seu escritório do Ministério da Aeronáutica, quando uma fração desse número já seria suficiente. Em março de 1943, Goebbels aproveitou um raro momento de *Schadenfreude*[8] ao ouvir Hitler repreendendo Göring por ter sido influenciado por seus subordinados, que estavam proibidos de levar más notícias para o Reichsmarschall. Hitler teria o mesmo tratamento quando se tornou incapaz de aceitar fatos não palatáveis sem explodir em cólera.

Mas, apesar de todas as bravatas e fúria, o Gordo muitas vezes era vítima de autopiedade e choramingava dizendo que estaria sempre na sombra de Hitler.

"Você não sabe como é ruim bancar o príncipe por longos doze anos", ele reclamou mais tarde para o psicólogo da Corte de Nuremberg, Gustave Gilbert, "sempre devotado ao rei, mesmo não concordando com muitas de suas ações políticas, mas incapaz de fazer algo sobre isso e precisando tirar o melhor da situação".

POSTURA ANTIGUERRA

Nos primeiros dias da "luta", enquanto os nazistas estavam ocupados com disputas internas, Hitler havia considerado que Göring era seu único amigo verdadeiro, mas a relação dos dois se tornou difícil quando ficou claro que Göring não compartilhava da fome de guerra de seu Führer.

8 Termo alemão que expressa o sentimento de satisfação perante a desgraça alheia. (N. E.)

Em setembro de 1938, enquanto a liderança nazista esperava pela resposta do governo tcheco sobre a rendição de Sudetenland, Göring quase chegou às vias de fato com Ribbentrop. Embora tenha sido o blefe de Hitler que levou a Alemanha à beira da guerra antes de estar pronta para isso, Göring não teve coragem de confrontar seu Führer e, então, ele trocou insultos com o Ministro das Relações Exteriores, a quem chamou de o "papagaio diretor da Alemanha". Àquela altura, Hitler enxergou a postura real de Göring, que estava revelando sua relutância em declarar guerra. No ano anterior, Göring havia rascunhado o acordo de Munique dando aos tchecos uma prorrogação de última hora, algo que enfureceu Hitler, que estava ansioso para guerrear. Ao ter seu combate negado, a afeição de Hitler por Göring esfriou consideravelmente.

Por esta razão, Hitler manteve Göring no escuro sobre seus planos para a invasão da Tchecoslováquia em 15 de março de 1939.

"Fiquei furioso porque a coisa toda foi decidida sem eu saber", Göring comentou mais tarde.

Göring entendia que a invasão iria descreditar o primeiro-ministro britânico, Neville Chamberlain, que certamente seria sucedido por um adversário corajoso e muito mais formidável, Winston Churchill. Mas faltou a Hitler essa visão.

Mais tarde naquele verão, enquanto Hitler revisava os planos de invasão da Polônia, Göring buscava ativamente qualquer oportunidade para garantir a paz através de canais diplomáticos secundários, muito ciente de que a Luftwaffe não estava preparada para uma campanha prolongada. Suas próprias fontes confirmaram que o Reino Unido e a França entrariam em ação se a Polônia fosse invadida, apesar de Hitler insistir que os Aliados estavam blefando. Após os primeiros tiros de canhão serem disparados e as tropas alemãs começarem a cruzar a fronteira polonesa, Hitler nomeou Göring seu sucessor e o destino do Gordo foi selado.

No verão de 1940, Göring ficou horrorizado ao descobrir que

Hitler estava de olho na Rússia. Uma guerra em duas frentes seria suicídio militar, ele argumentou, mas Hitler estava convencido de que os recentes expurgos de Stalin em sua liderança militar deixaram a União Soviética efetivamente sem defesa e desmoralizada. Seria preciso apenas um chute na porta, como ele disse, para derrubar toda a estrutura apodrecida.

Göring mais tarde comentou com um de seus generais:

> É economicamente errado, politicamente errado e militarmente errado. Mas Von Ribbentrop queria e Goebbels queria e eles persuadiram o Führer a também querer. Eu protestei até meu rosto ficar azul, mas eles não me ouviam. Agora eu lavo minhas mãos sobre tudo isso – sobre toda a guerra. Faça o que puder. Não posso me preocupar mais com o que vai acontecer.

NEPOTISMO

Göring gostava de sua imagem de rebelde sem princípios, mas seu exterior grosseiro e crueldade vingativa escondiam uma fraqueza fatal. Ele era indolente por natureza, crédulo e imprudente ao ponto de frequentemente delegar tarefas vitais para um subordinado e não supervisionar o resultado. Pode-se argumentar que seu erro de julgamento mais sério foi confiar uma importante produção aérea em janeiro de 1939 a Ernst Udet, um ex-companheiro do esquadrão de Richthofen. Udet se mostrou incapaz de organizar e supervisionar a produção em escala tão grande e seu fracasso passou despercebido até ser tarde demais. Ele se matou em 27 de novembro de 1941, culpando Göring por seu destino. Hitler nomeou Albert Speer para suceder Udet como Ministro de Armamentos, e dentro de três anos Speer havia triplicado a produção de aeronaves de 11.000 para 38.000, mas com a escassez de combustível, os aviões invariavelmente ficavam no chão.

Göring possuía o hábito de nomear velhos companheiros para posição cruciais dentro do ministério, independentemente de suas qualificações, mas ele arriscou desagradar Hitler quando nomeou Erhard Milch como Secretário de Estado no Ministério da Aeronáutica, pois Milch era parte judeu. Entretanto, Milch era apenas um dos mais de setenta oficiais sêniores no Exército alemão que possuíam ascendência judaica. Hitler fez vista grossa sobre essas origens quando ratificou as nomeações.

No auge da guerra, a Luftwaffe não possuía bombardeiros de longo alcance, uma deficiência que qualquer comandante sério teria feito questão de saber, mas Göring estava preocupado com a aquisição de títulos, medalhas e as armadilhas do poder. A distração custou a ele prestígio com Hitler e contribuiu para a queda final do Reich de mil anos. Portanto, o papel da Luftwaffe foi determinado apenas por Hitler. Göring recebia ordens diretamente de Hitler e precisava segui-las sem questionamentos. Ele nem foi informado da intenção de Hitler de declarar guerra contra os Estados Unidos após o ataque japonês a Pearl Harbor, em 7 de dezembro de 1941.

AQUISIÇÃO DE RIQUEZA

Quando a guerra se voltou contra a Alemanha, Göring se afastou do público e da realidade. Incapaz de encarar o inevitável, ou de influenciar o resultado, ele passou mais tempo em Carinhall entre seus tesouros pilhados, oferecendo festas cada vez mais extravagantes enquanto abandonava a nação para encarar seu destino.

Em Carinhall, ele alimentou suas paixões e suas fantasias, e possuía os meios para tal.

A indústria alemã lhe subornava com presentes luxuosos, incluindo um iate que custava 1,5 milhão de reichsmarks, e ele também recebia presentes em dinheiro.

O maior desses foi um pagamento substancial vindo de Philipp

Reemstma, que subornou Göring para que ele encerrasse denúncias de corrupção contra sua empresa de tabaco e para acabar com uma campanha de ódio na imprensa nazista. Além disso, Göring concordou em impedir um boicote proposto pela SA dos cigarros Reemstma, que na época competiam diretamente com a marca da própria da SA, "Sturm" – e tudo isso pela pechincha de 3 milhões de marcos.

É claro, os pagamentos nunca foram declarados como tais, mas eram registrados nas contas de Göring como "doações" para florestas alemãs e o teatro estatal, do qual ele tinha controle como o Ministro do Interior da Prússia.

Göring não era tão tapado quanto Goebbels dizia. Ele pode ter bancado o bufão com seus uniformes feitos sob medida, mas ele era astuto o bastante para adquirir controle significativo em indústrias essenciais, especificamente em depósitos de ferro, minas de lignito, usinas siderúrgicas, pedreiras, minas de carvão e linhas marítimas. Entretanto, sua vaidade o impediu de buscar seus interesses comerciais de forma discreta. Cada ativo levava seu nome como se anunciasse orgulhosamente seu envolvimento. Ele também juntava centenas de milhares de reichsmarks anualmente como diretor de empresas, embora raramente aparecesse nas reuniões da diretoria da Daimler-Benz ou BMW. Ele também não hesitou em confiscar os ativos de industrialistas emigrantes como Fritz Thyssen, que fugiu do país abandonando suas siderúrgicas, ações e outros negócios para o avarento Reichsmarschall.

REPUTAÇÃO EM FRANGALHOS

Hitler estava disposto a fazer vista grossa sobre os fracassos pessoais de Göring até eles afetarem seu julgamento, pois fora Göring o maior responsável por convencer ricos e influentes industrialistas, além das maiores instituições financeiras, a apoiarem o partido quando este precisava desesperadamente de fundos para campanha.

Também foi Göring quem garantiu o apoio do Exército e quem persuadiu o filho do Presidente Von Hindenburg, Oscar, a acalmar os temores de seu pai em apontar Hitler como chanceler, em janeiro de 1933.

Por esses motivos, Hitler sentia que possuía uma dívida com Göring, e ao reconhecer isso, ele nomeou o Gordo seu sucessor. Mas quando o Reichsmarschall não conseguiu impedir os britânicos de evacuar os restos de seu Exército combalido em Dunquerque em maio de 1940, seu jeito falastrão o fez perder muito de sua credibilidade com Hitler e o Alto Comando. O fracasso de Göring em vencer a Batalha da Grã-Bretanha e impedir Berlim de ser bombardeada, apesar de se gabar do contrário, deixou sua reputação em frangalhos. Mas o prego final no caixão do Gordo foi seu fracasso em cumprir a promessa de levar suprimentos pelo ar para o Sexto Exército Alemão em Stalingrado. Isso, em 2 de fevereiro de 1943, levou à humilhante rendição de 91 mil tropas famintas, exaustas e desmoralizadas, junto com um número significativo de seus Aliados do Eixo. Göring achou que poderia repetir o feito de levar suprimentos para tropas cercadas, como havia feito em Demyansk no ano anterior, mas, em comparação, havia poucas tropas soviéticas e baterias antiaéreas na área que pudessem representar uma ameaça séria aos aviões alemães.

A campanha na Rússia exigiu da Luftwaffe até seus limites e esgotou seus recursos ao ponto de Göring não poder mais se gabar da superioridade aérea alemã para as nações ocidentais. A liderança nazista foi forçada a encarar o fato de que havia subestimado gravemente o tamanho das forças soviéticas, além da capacidade da Rússia de se rearmar e suprir seu exército com fábricas além do alcance dos bombardeiros alemães. Assim

O PREGO FINAL NO CAIXÃO DO GORDO FOI SEU FRACASSO EM CUMPRIR A PROMESSA DE LEVAR SUPRIMENTOS PELO AR PARA O SEXTO EXÉRCITO ALEMÃO EM STALINGRADO.

que os alemães repeliam um contra-ataque, outro era lançado. Parecia não ter fim o número de homens que Stalin estava disposto a sacrificar para rechaçar o invasor fascista. Hitler havia lançado a invasão da Rússia Soviética sob a crença irreal de que os alemães "apenas precisavam lançar outro ataque blindado em massa como fizeram em maio de 1940 para desmoralizar e destroçar as forças soviéticas fatalmente enfraquecidas após o expurgo de Stalin de seus oficiais". Após descobrir que isso não era verdade, ele não conseguiu admitir um erro de cálculo tão catastrófico, e então colocou toda a culpa em Göring que, apesar de suas bravatas, não teve coragem de enfrentar Hitler. Como o próprio Göring mais tarde confessou: "Sempre que eu o encontrava, meu coração descia até as calças."

UMA HIERARQUIA FADADA AO FRACASSO

A verdade é que a hierarquia nazista estava fadada ao fracasso. Hitler não era nenhum gênio militar, por mais que seus subordinados sicofantas tentassem lhe convencer do contrário. Ele era, no entanto, um mestre do blefe e da diplomacia arriscada, habilidades que garantiram à Alemanha golpes espetaculares nos anos que precederam a guerra à medida que o Reich abocanhou o território ocupado pela França de Rhineland, o território de falantes de alemão em Sudetenland, a Áustria pró-nazismo e a indefesa Tchecoslováquia, tudo isso sem um único disparo de canhão. E depois, oportunismo, rapidez, surpresa e uma inércia implacável proporcionaram uma vitória rápida e acachapante sobre a França e os Países Baixos em maio de 1940, utilizando a estratégia da *blitzkrieg* do general Guderian.

Seguindo essa incrível maré de sorte, o mito da infalibilidade de Hitler, sua interminável interferência e sua insistência de que sabia mais do que seus comandantes prejudicaram todos os esforços para tirar proveito das vantagens adquiridas pela Wehrmacht. Hitler culpara Göring pelo fracasso na Batalha da Grã-Bretanha, mas se a Luftwaffe tivesse prevalecido e as pistas de pouso da Força Aérea Real tivessem sido destruídas, a Operação Leão Marinho, a invasão da Grã-Bretanha, teria fracassado porque Hitler não havia feito os preparativos necessários. Não havia armada para que as tropas cruzassem o Canal, apenas balsas preparadas rapidamente que a RAF reduziu a madeira destroçada enquanto a famosa Luftwaffe de Göring estava ocupada em outro lugar.

As distrações de Göring e sua fraqueza infantil por títulos, uniformes e símbolos de poder apenas pioraram o problema.

Já em maio de 1941, o Reichsmarschall buscou legitimar sua pilhagem de museus e galerias de arte da Europa emitindo um decreto designando como propriedade do Reich todos os "bens culturais". A princípio ele se contentou em roubar tudo de valor dos judeus, oferecendo recibos inúteis ou quantias nominais sob a ameaça velada de transporte para um campo de concentração. Depois, encorajado pelo êxito, ele entrava nos melhores museus e galerias de arte, simplesmente apontando seu dedo gordo para qualquer coisa que gostasse e ordenando que fosse levado para a Alemanha. Estima-se que 26 mil vagões repletos de tesouros pilhados tenham sido transportados somente da França sob suas ordens.

Em se tratando de arte, Göring era um glutão, não um gourmet. Seu gosto era governado pelo valor das peças e pinturas que ele adquiria em vez de suas qualidades estéticas. Ele pendurava inestimáveis obras-primas dos mestres holandeses em camadas do chão ao teto em Carinhall como se fossem selos de postagem raros ou moedas em uma coleção de criança. Suas outras residências estavam abarrotadas com esculturas, estátuas, tapeçarias, antiguidades e armas em uma exibição de riqueza e privilégio, mas com uma notável falta de discriminação. Assim como seu dono, era tudo para o espetáculo.

Mas seu apetite insaciável por arte e luxo lhe custou muito caro. Enquanto Göring saqueava as galerias e museus da Europa ocupada, Martin Bormann fazia de tudo para corroer o suporte de Hitler ao

Gordo. A ausência de Göring era mencionada em momentos cruciais quando sua presença era necessária e Bormann lembrava dos erros anteriores de Göring para incrementar a denúncia, como o criado leal que era. Göring se tornou motivo de piadas cruéis entre os funcionários da chancelaria do Reich e foi publicamente ignorado em mais de uma ocasião quando ofereceu ajuda a Hitler. Mas, como comentou Goebbels em junho de 1944, Hitler não podia se dar ao luxo de substituir o Reichsmarschall, pois isso refletiria mal no regime e em sua própria capacidade de julgamento.

DIAS FINAIS

O público alemão se tornou mais crítico do comportamento relaxado de Göring após a derrota em Stalingrado. Enquanto os soldados comuns sofreram provações e a derrota na frente de batalha e suas famílias se protegiam em abrigos antibomba dos incessantes ataques aéreos dos Aliados, Göring aparecia no noticiário vestindo seus uniformes imaculados com um sorriso arrogante no rosto – como um "despreocupado molusco sorridente", para citar um guarda da prisão de Nuremberg. Mesmo sua própria Luftwaffe se sentiu ofendida após ele tolamente enviar para cada esquadrão uma gravação de gramofone com um discurso recente chamando-os de covardes.

Mais significativo, Göring ainda estava tão hipnotizado por seu Führer que ele se recusou a colocar um jato alemão, o *Messerschmitt 262*, em combate em junho de 1944, quando ainda havia chance de virar a maré no combate aéreo, porque Hitler havia determinado que a aeronave deveria ser reservada para bombardeios. Quando Göring finalmente reuniu coragem para agir por iniciativa própria, em 23 de abril de 1945, ele fez isso apenas após ter certeza de que Hitler estava física e mentalmente incapacitado.

Deve ter sido uma cena patética: o imediato debochado fingindo lealdade enquanto avaliava a capacidade de governar de seu Führer.

Os dois homens estavam enfraquecidos mental e fisicamente pelas drogas e encarando a iminente destruição que haviam lançado sobre si próprios – um motivado pelo desejo de salvar a própria pele a todo custo e o outro mantido vivo apenas por seu ódio por aqueles que culpava por roubarem seu império, o qual uma vez ousara dizer que duraria mil anos.

Após Göring fugir de Berlim para Berchtesgaden, ele enviou a Hitler um rádio-telegrama, que Bormann interceptou, pedindo confirmação de que seu Führer ainda estava vivo e capaz de dar ordens. Göring terminou afirmando que, caso não recebesse resposta até a noite, ele iria "tomar a liderança do Reich" e então agiria para "o bem do povo e da pátria". Bormann apresentou a preocupação de Göring como um ultimato e um ato de traição. Göring recebeu a resposta que esperava – uma cólera venenosa na qual Hitler denunciava seu imediato e exigia sua prisão. Mas foi uma vitória vazia, pois Bormann não viveria para ver a ordem de Hitler ser executada. Ele foi morto em uma tentativa fracassada de fuga do *bunker* após Hitler ter expulso Göring do partido em um último ato de vingança rancorosa antes de atirar contra a própria cabeça.

Mesmo após a guerra, como prisioneiro em Nuremberg, Göring continuou a exercer influência sobre alguns dos acusados – Von Ribbentrop, Streicher e Sauckel em particular – em uma tentativa de prolongar a ilusão de que ele retinha alguma autoridade, mas Speer, Frank e Schacht permaneceram teimosamente independentes. Foi apenas depois que eles informaram as autoridades da prisão sobre as tentativas de Göring de orientar suas defesas que o antigo Reichsmarschall foi fisicamente isolado de seus ex-companheiros quando a presença deles não era necessária no tribunal.

No julgamento de seus crimes em Nuremberg, em 1946, um Göring substancialmente mais magro surpreendeu a corte dizendo: "As pessoas apenas precisavam de alguém para amar e o Führer sempre estava distante demais das massas. Então eles se voltaram a mim." Evidentemente, ele se iludia até o final.

RUDOLF HESS (26 DE ABRIL DE 1894 - 17 DE AGOSTO DE 1987)

> "Hess já era ligeiramente desequilibrado desde quando consigo me lembrar."
>
> HERMANN GÖRING, 1946

O único membro da hierarquia nazista contra quem ninguém conspirou e que não era visto como ameaça pelos outros membros do círculo íntimo de Hitler era Rudolf Hess, o Delegado do Führer. Goebbels o depreciava com elogios fracos, chamando-o de um "querido companheiro", enquanto o conselheiro de Von Ribbentrop, Reinhard Spitzy, pode ter chegado mais perto da verdade quando menosprezava o Deputado do Führer chamando-o de um "maluco simpático".

Outros o enxergavam como um servil e devotado amigo que era um tanto constrangedor. Até mesmo Hitler o tratava como um cãozinho de estimação fiel, referindo-se privadamente a Hess como "mein Hesserl". Hitler havia nomeado Hess seu imediato em 1933, apesar de saber que Hess era incapaz de liderar, mas ele era uma aposta segura. Hess não possuía ambição e Hitler podia contar com sua lealdade inabalável.

"Apenas espero que Hess nunca tenha que me substituir", ele disse a Göring em um raro momento de descontração. "Não sei de quem eu sentiria mais pena, Hess ou o partido."

Quando Göring expressou sua insatisfação com o imediato, Hitler o tranquilizou garantindo que ele poderia nomear seu próprio sucessor caso se tornasse Führer.

Era de conhecimento geral entre a liderança que Hess "não conseguia formar uma frase conexa", nas palavras do porta-voz do partido, Hermann Esser, e que ele não era dotado de senso comum. Foi Hess quem fora parcialmente culpado pelo fracasso do Putsch de Munique ao permitir que dois reféns importantes fugissem. Incrivelmente, ele deixara dois ministros da Bavária sem vigia e confiara que eles honrariam a promessa de não tentar escapar!

Mas Hitler sentia que tinha uma grande dívida com Hess por tê-lo apresentado a seu ex-professor, Karl Haushofer, da Universidade de Munique, que foi quem criou o conceito do *Lebensraum* (o espaço vivo) e discutiu várias teorias geopolíticas enquanto os dois estavam presos em Landsberg por causa da revolta fracassada.

Hess atuou como o secretário particular de Hitler durante a estadia na prisão, mas ele fez mais do que registrar os pensamentos de Hitler: ele atuava como seu editor, formulando argumentos coerentes a partir dos monólogos improvisados de Hitler. Mas a intensidade de Hess se provou cansativa demais para Hitler, que reclamava amargamente da presença intrusiva de seu imediato. Hitler eventualmente baniu Hess de almoçar com ele em Berghof após sua insistência em trazer as próprias refeições vegetarianas.

VOO PARA A GRÃ-BRETANHA

É comum descrever Hess como um palhaço cujas crenças fantasiosas o levaram a pedir por um punhado de solo de cada região do Reich para serem salpicados sob o berço de seu filho como uma forma de batismo pagão – um pedido caracteristicamente negado por Goebbels, que ofereceu apenas o envio de um paralelepípedo de Berlim. Ele também era visto como alguém cujo "senso natural de decência e honra" ficaria revoltado com algumas das políticas propostas por Hitler, como inferiu o velho adversário do Führer, Otto Strasser. Antes de seu fatídico voo para a Grã-Bretanha e sua insanidade real ou fingida, Hess fora um signatário ativo e disposto das perversas Leis de Nuremberg, que negavam aos judeus alemães seus direitos humanos, e também havia consentido voluntariamente ao programa de eutanásia sob o qual os deficientes mentais e físicos foram assassinados e um falso atestado de óbito foi enviado às suas famílias.

Hitler publicamente condenou Hess e retirou seu título após o voo do Deputado do Führer para a Grã-Bretanha em maio de 1941, mas ainda resta a possibilidade de que Hess teria sido autorizado por Hitler a voar até lá. Se for verdade, a iniciativa seria para evitar uma guerra em duas frentes enquanto ainda havia tempo para se chegar a um acordo com os britânicos antes de Hitler lançar a Operação Barbarossa, sua invasão à Rússia, em junho de 1941.

O criado de Hitler, Heinz Linge, recorda que, na manhã do voo de Hess, ele havia batido na porta do quarto do Führer às 9h30 para informá-lo que o adjunto de Hess havia chegado com uma mensagem urgente. Para a surpresa de Linge, Hitler já estava vestido e barbeado, embora tivesse dado ordens para não ser acordado antes do meio-dia, sua hora costumeira.

> Passou por minha cabeça a possibilidade de que ele já soubesse. Não havia outra explicação para ele já estar vestido, barbeado e esperando em seu quarto. Em todos os anos, nunca vi aquilo antes... Notei que ele apenas mostrava surpresa, raiva ou perplexidade na presença de outros Não pude deixar de pensar sobre a reunião de quatro horas que Hitler e Hess tiveram no Obersalzberg vários dias antes do voo. Os dois não tiveram uma reunião tão longa assim desde antes da guerra.

Parece provável que Hess tenha embarcado em sua missão mal concebida como uma última tentativa desesperada de adiar a inevitável e humilhante derrota que ele previu para a Alemanha se Hitler buscasse uma guerra em duas frentes. Porém, por mais idiossincráticas que suas ações possam parecer em retrospecto, ele pode ter acreditado que não possuía opção, já que Bormann havia conseguido isolar efetivamente o devotado discípulo de seu amado Führer.

Mas mesmo que Hess tivesse permanecido na Alemanha em maio de 1940, é certo que ele eventualmente seria deixado de lado pelo homem destinado a sucedê-lo, Martin Bormann. Diz muito sobre a credulidade de Hess que, em julho de 1933, ele tenha nomeado o homem que todos enxergavam como determinado a sucedê-lo.

MARTIN BORMANN (17 DE JUNHO DE 1900 – 2 DE MAIO DE 1945)

"Cada pessoa educada é um futuro inimigo."

MARTIN BORMANN

BRUTALIDADE

Hitler não se importava com as brigas internas de seus acólitos nem com o fato de que eles desprezavam seu assessor mais confiável, Martin Bormann. Ele admitia que Bormann era "um bruto", mas também admitia que o considerava inestimável e sabia que podia contar com ele para lidar com os cansativos detalhes da administração.

Hitler foi gravado dizendo:

> Sei que Bormann é brutal. Mas existe um sentido em tudo o que ele faz e eu posso contar absolutamente com minhas ordens sendo executadas por Bormann imediatamente e apesar de todos os obstáculos. As propostas de Bormann são trabalhadas mediante tamanha precisão que eu preciso apenas dizer sim ou não. Com ele eu lido em dez minutos com uma pilha de documentos com os quais eu levaria horas se fosse outro homem. Se eu disser a ele: 'Lembre-me sobre isso e aquilo daqui a meio ano', eu posso ter certeza de que ele realmente fará isso.

Speer disse sobre Bormann: "Mesmo entre tantos homens impiedosos, ele se destacava por sua brutalidade e aspereza", enquanto Göring simplesmente expressou seu desejo de que "a eminência parda" deveria "apodrecer no inferno".

Bormann racionalizava sua falta de princípios aludindo às leis da selva. "Infelizmente, esta terra não é a terra da fantasia", ele disse, "mas uma luta pela vida, perfeitamente natural e, portanto, severa ao extremo".

Por ironia, ele não foi percebido de imediato como uma ameaça por seus colegas. Como Speer observou:

> A maioria dos homens poderosos que seguiam Hitler vigiavam uns aos outros como se fossem pretendentes ao trono... mas nenhum deles reconheceu uma ameaça na figura do confiável Bormann. Ele teve sucesso em se apresentar como insignificante.

Bormann não era dotado de inteligência acima da média, mas ele era esperto, calculista, ardiloso e muito paciente. Ele avançou na hierarquia nazista pela porta dos fundos, acumulando evidências incriminadoras em seus arquivos secretos ao mesmo tempo em que não tomava parte ativa nos assassinatos de rivais políticos, para que não houvesse nada apto a rastreá-lo até seu escritório mais tarde. Mas suas informações sobre indiscrições sexuais da liderança da SA, em particular, se mostraram decisivas quando Hitler estava avaliando a ameaça representada por Röhm nas semanas que antecederam a Noite das Facas Longas.

Bormann preferia as sombras, evitando publicidade sempre que podia. Ele notoriamente não se deixava fotografar e recusava todos os pedidos de entrevista com a imprensa, acreditando que, quanto menos pessoas soubessem dele, melhor.

Himmler manteve distância enquanto os dois se avaliavam, nenhum deles ousando atacar sob o risco de serem apunhalados pelas costas um pelo outro. Mas em janeiro de 1937, Himmler achou prudente se aproximar de Bormann, sabendo que ele possuía o poder de nomear escravos trabalhadores estrangeiros para o programa de trabalho forçado, algo que seria útil e lucrativo para a SS. Consequentemente, Himmler conferiu o título honorário de general da SS para Bormann, cuja vaidade foi satisfeita. A partir daí, ele e Himmler fizeram um esforço para acomodar um ao outro sempre que um potencial desacordo surgia.

Goebbels também cultivou um ar de cordialidade como forma de autopreservação até 1937, quando Bormann se convenceu de que o filme *The Broken Jug* (estrelando Emil Jannings como um magistrado falastrão), que fora sancionado por Goebbels, era uma tentativa velada de ridicularizá-lo.

Sete anos mais tarde, Bormann mostrou que não era um homem que esquecia e perdoava. Após Goebbels rascunhar um memorando de quarenta páginas detalhando sua estratégia para uma aliança de última hora com a União Soviética, ele ficou horrorizado ao descobrir que Bormann havia trancado o documento em seu escritório para que Hitler nunca o encontrasse.

Como muitos criados obsessivamente devotados, Bormann estudava seu mestre assiduamente, adotando suas atitudes e até mesmo seus hábitos. Ele ia para a cama de madrugada, quando Hitler se deitava, e se levantava ao meio-dia para correr atrás do Führer, de caneta na mão e caderno de anotações no bolso, pronto para registrar cada manifestação como se fossem as palavras de um profeta. Ele passou a exibir um violento ódio dos judeus quando viu que isso ganhava a aprovação de Hitler (e, convenientemente, a aprovação da

COMO MUITOS CRIADOS OBSESSIVAMENTE DEVOTADOS, BORMANN ESTUDAVA SEU MESTRE ASSIDUAMENTE, ADOTANDO SUAS ATITUDES E ATÉ MESMO SEUS HÁBITOS.

odiosa *Frau* Bormann) e adotou uma estrita dieta vegetariana na presença do Führer, mas em privado ainda se esbaldava com costelas de porco sempre que tinha certeza de que não seria visto. Bormann, um luterano devotado, até mesmo renunciou ao cristianismo para agradar a Hitler e se tornou um defensor do culto neopagão do nacional-socialismo.

Em 17 de junho de 1941, Bormann emitiu uma diretiva secreta para todos os Gauleiters (líderes regionais do Partido Nazista), instruindo-os a fazerem tudo dentro de seu poder para enfraquecer a influência da Igreja. Se necessário, deveriam fazer acusações falsas contra o Clero para desacreditá-lo.

"As concepções do nacional-socialismo e do cristianismo são incompatíveis", ele escreveu. "As igrejas cristãs foram erguidas sob a ignorância dos homens; por contraste, o nacional-socialismo se baseia em fundações científicas... Mas nunca mais deve-se permitir que as igrejas exerçam influência sobre a liderança do povo. Isso deve ser rompido totalmente e para sempre."

MÉNAGE À TROIS

Bormann possuía uma relação peculiar com sua esposa Gerda, para quem o nacional-socialismo havia se tornado uma religião. De acordo com seus ideais, ela deu ao seu marido dez filhos e o encorajava a ter mais filhos com sua amante, Manja Behrens, a quem ela convidou para viver no lar da família.

Uma carta que ele escreveu para ela em janeiro de 1944 explica melhor o arranjo incomum do casal. Bormann chama sua esposa de "doce garotinha da mamãe", e então continua:

> Você sabe que no começo não havia nada entre M [Manja] e eu. Eu apenas a achava atraente porque ela me irritava... Arranjei para que eu a encontrasse muitas vezes e depois eu a acolhi,

> apesar de seus protestos. Você conhece minha força de vontade, contra a qual M não era páreo... Eu me senti duplamente casado e feliz. Oh, minha querida, você não pode imaginar o quanto estou feliz por vocês duas!

A resposta de sua esposa foi endereçada para "meu doce e querido papai".

> Amo tanto a M que simplesmente não consigo ficar brava com você. As crianças também a amam muito. Você precisa garantir que M tenha um filho em um ano e eu no ano seguinte.

Gerda então urgiu que seu marido "iluminasse" sua amante quanto aos méritos do nacional-socialismo para que ela renunciasse a suas crenças cristãs, especificamente a crença no matrimônio. Ela poderia então ter mais facilidade em aceitar que um homem podia ter mais do que uma esposa.

No mês seguinte, Gerda compartilhou suas recentes reflexões sobre o assunto, acrescentando: "A experiência nos ensina que esses relacionamentos são geralmente muito felizes. O marido, livre das irritações menores do cotidiano, também teria um temperamento melhor."

No entanto, Bormann não estava sobrecarregado com "irritações menores do cotidiano" nem precisava da aprovação de sua esposa para abusar de suas subordinadas. Ele aproveitava cada oportunidade para forçar a si mesmo sobre as jovens estenógrafas que esperavam pacientemente a tomar ditado em Berghof e era frequentemente visto conduzindo-as a uma sala privada, para o desgosto de Eva Braun, que alertou suas amigas.

A falsidade de Bormann se refletiu em sua escolha acerca da residência oficial. A fim de garantir que nunca estaria a mais de alguns metros de seu mestre, Bormann comprou um ex-sanatório para crianças perto de Berghof e gastou uma fortuna convertendo a vila de dois andares em uma residência palaciana. O exterior amarronzado escondia um interior opulento cheio de aparelhos modernos, tapeçarias feitas à mão e banheiros de mármore, tudo pago pelo Estado. Poucas pessoas eram convidadas a compartilhar de seus confortos, e aqueles que recebiam o privilégio sabiam que era melhor não fofocar sobre o que viam para não arriscar ganhar um inimigo em Bormann.

CRIADOR DE RUMORES

O Reichsleiter possuía poucos amigos, mas preferia assim. Ele governava um pequeno exército de subordinados, oficiais e funcionários administrativos, todos mantidos à distância e treinados para guardar silêncio sobre o que testemunhavam. Ninguém arriscava desagradar Bormann. Todos sabiam que ele havia minado a amizade entre Hitler e Heinrich Hoffmann, o fotógrafo oficial do Führer, por nenhuma outra razão além de afirmar sua influência maligna sobre o Führer. Quanto menos confidentes tivesse Hitler, melhor para Bormann. Cada admissão cândida ouvida durante conversas descontraídas era algo que poderia ser usado em sua vantagem.

Quando Hoffmann ficou sabendo de um fazendeiro que fora condenado a dois meses de prisão por armazenar mais leite do que seu racionamento permitia, ele brincou dizendo que receberia uma condenação muito maior se alguém descobrisse que ele fizera o mesmo. Bormann informou Hitler e também insinuou que Hoffmann fora infectado com paratifoide, transmitida por leite não pasteurizado de vacas em sua pequena fazenda. Hoffmann foi então barrado de todas as futuras reuniões com Hitler, mas Bormann não ficou satisfeito.

Após Hoffmann obter um atestado de saúde, Hitler ainda se recusou a encontrá-lo, depois de ouvir de Bormann que o certificado emitido para seu antigo amigo fora na realidade emitido para o filho de Hoffmann. Disse ainda que Hoffmann pai ainda carregava a bactéria fatal.

Bormann subiu a escada do poder espalhando rumores e insinuações sobre oficiais de quem ele não gostava ou cujo estilo de vida não aprovava. Baldur von Schirach, líder da Juventude Hitlerista, repentinamente começou a ser ignorado por Hitler após Bormann revelar que as tendências sexuais de Schirach eram conhecidas e que os rumores de seu "quarto branco efeminado" se espalhavam rápido pela imprensa e eram familiares para os inimigos do partido.

Schirach evitou por pouco um escândalo ao entregar seu papel de líder da Juventude Hitlerista para Artur Axmann e se "voluntariar" para o Exército. Em seu retorno, ele foi nomeado governador da Áustria e Gauleiter de Viena, mas logo se desgraçou aos olhos do Führer ao permitir que sua esposa tocasse no assunto tabu da perseguição aos judeus.

Henriette von Schirach havia recentemente testemunhado um sequestro de mulheres judias em Amsterdã e ficou chocada com a brutalidade contra elas, então, na visita seguinte a Berghof, o retiro alpino de Hitler, ela perguntou ao Führer o que ele sabia sobre as deportações. Toda a cor sumiu do rosto de Hitler e ele gritou com ela dizendo que era sentimental e precisava aprender a odiar. O casal foi convidado a se retirar de pronto e nunca mais foi chamado para tomar chá em Berghof.

Bormann fez fortuna para Hitler ao iniciar esquemas como o Fundo de Desenvolvimento da Indústria Alemã, para o qual ricos industrialistas "doavam" vastas quantias na crença de que estariam comprando influência com a liderança do partido. Também se dizia que ele havia idealizado o plano de retirar uma porcentagem das vendas de selos postais que levavam a efígie do Führer, o que rendeu 75 milhões de marcos durante seus doze anos no poder, embora Heinrich Hoffmann tenha afirmado que foi ele quem teve essa ideia. E foi Bormann quem introduziu o seguro obrigatório contra acidentes para todos os membros do partido, algo que engordou os cofres da organização. Com passos aparentemente pequenos, Bormann ganhou vantagem e compensou sua falta de inteligência e educação.

SECRETÁRIO PRIVADO

A paciência não natural de Bormann e sua persistência obstinada deram resultado em abril de 1943, quando Hitler o nomeou secretário privado, um posto que garantia que ninguém teria acesso ao Führer sem a aprovação de Bormann. Ele também determinava quais mensagens Hitler deveria ver e quais deveriam ser escondidas até trazerem a resposta que Bormann desejava. Mas seu maior golpe foi ao obter a autoridade para emitir ordens em nome do Führer, algumas das quais não eram mais do que comentários casuais que Bormann transcrevia como diretivas.

Logo após sua promoção, Alfred Rosenberg comentou:

> Hess havia obviamente irritado o Führer e então Bormann começou a cuidar das ordens e consultas. Foi nesse momento que ele começou a se fazer indispensável. Se, durante nossa conversa no jantar, algum incidente fosse mencionado, Bormann apanhava seu caderno e fazia uma anotação. Ou então, se o Führer expressasse desagrado sobre algum comentário, alguma medida, algum filme, Bormann fazia uma anotação. Se algo não ficasse claro, Bormann se levantava e saía da sala, mas voltava quase imediatamente após dar ordens à sua equipe para investigar o assunto, e para usarem o telefone, telégrafo ou teletipo.

O COMITÊ DE TRÊS

Na primavera de 1943, a contínua intervenção de Bormann estava impedindo acesso ao Führer e atrasando tomadas de decisão em um momento crucial. Também havia rumores – e bem fundados – de que Bormann estava tentando consolidar sua posição ao formar uma aliança com o Marechal de Campo Wilhelm Keitel e Hans Lammers, Conselheiro Ministerial e principal assessor jurídico de Hitler. "O Comitê de Três", como foi batizado na época, pretendia unir o partido, Estado e militares que, por sua vez, estariam em posição de aliviar Hitler de alguns de seus deveres mais pesados. Mas Göring, Goebbels e Speer conseguiram vetar o plano ao deixarem clara sua oposição a Keitel e Lammers.

Quando ele descobriu as intenções de Bormann, Goebbels confidenciou para Speer que havia chegado o momento de remover o Reichsleiter antes que fosse tarde demais. Hitler estava conduzindo a guerra de dentro da Toca do Lobo, seu quartel-general altamente fortificado perto de Rastenburg, na Polônia, e ordenou que não deveria ser incomodado por questões administrativas "triviais". Goebbels disse a Speer:

> Isso não pode continuar assim por muito mais tempo. Estamos aqui em Berlim. Hitler não ouve aquilo que temos para dizer sobre a situação; não tenho influência sobre ele; não posso explicar até mesmo as medidas mais urgentes da minha própria área para ele. Tudo tem que passar por Bormann. Hitler precisa ser convencido a vir mais vezes a Berlim. A política doméstica escapou totalmente por entre seus dedos; agora é conduzida por Bormann e ele é capaz de dar a impressão a Hitler de que sempre está no controle das coisas. Bormann é conduzido apenas pela ambição; ele é dogmático e um perigo para qualquer desenvolvimento sensível. Sua influência deve ser limitada o quanto antes! Não apenas temos uma crise administrativa, mas, falando estritamente, também uma crise de liderança.

Foi Speer quem se ofereceu para levar o caso para Göring, já que o Reichsmarschall possuía autoridade para emitir decretos sem a aprovação de Hitler. Entretanto, Göring não estava falando com seu colega do Ministério da Propaganda depois que esse último ordenou o fechamento do restaurante favorito de Göring alegando economia para o esforço de guerra.

Quando Speer chegou na casa de Göring em Obersalzberg, ele

GÖRING ESTAVA VESTIDO COMO UMA VELHA MADAME DE BORDEL COM ESMALTE VERMELHO E ROUGE NAS MAÇÃS DO ROSTO.

encontrou seu anfitrião usando um vestido de seda verde com um grande broche de rubi. Ele estava vestido como uma velha madame de bordel com esmalte vermelho e rouge nas maçãs do rosto. Enquanto Speer detalhava o plano, Göring mexia em pedras preciosas como se estivesse entorpecido por drogas, mas parecia entender o que estava sendo proposto. Ele evidentemente se sentiu satisfeito por ter sido incluído, pois na época já não sabia se Hitler ainda possuía fé nele.

Uma semana depois Speer retornou, desta vez com Goebbels. De acordo com Goebbels, Göring expressara entusiasmo por seu plano de forçar o "afastamento do pacto de três" e "transferir o poder para um novo conselho de ministros". Mas eles desconfiavam de seus potenciais aliados tanto quanto desconfiavam uns dos outros, e então concordaram em não contar sobre o objetivo final para aqueles que esperavam angariar para seu lado, dizendo apenas que queriam ganhar suporte na esperança de isolar Bormann e reestabelecer uma linha direta com Hitler.

Goebbels registrou sua satisfação em seu diário: "Acredito que até o Führer ficará muito feliz com isso."

Mas em questão de semanas Göring voltou a perder apoio após Hitler culpá-lo por fracassar na defesa das cidades alemãs contra os bombardeios intensificados dos Aliados, especificamente o ataque em Hamburgo, que continuou sem oposição dia e noite por uma semana, reduzindo metade da cidade a escombros e matando 40 mil civis. Portanto, o "golpe" proposto não aconteceu.

Mas no final, até mesmo Bormann deixou Hitler à sua própria sorte. Após garantir ao Führer que permaneceria ao seu lado até o fim amargo, o fiel criado fugiu escondido na escuridão em uma tentativa de salvar a própria pele.

Por mais de cinquenta anos após a queda do Terceiro Reich, Bormann se tornou uma figura elusiva, quase mítica, com relatos de sua sobrevivência na América do Sul e na África do Norte. Ele fora condenado à morte *in absentia* em Nuremberg por sua participação na escravidão e assassinato de incontáveis trabalhadores estrangeiros e prisioneiros de guerra que ele repassou para a SS e por autorizar a execução de pilotos capturados dos Aliados. Ele também foi acusado de ter instruído governadores distritais (Gauleiters) a denunciar qualquer caso suspeito de tratamento leniente para que pudesse punir aqueles que haviam negligenciado seus deveres.

Mas por todo esse tempo, seu corpo permaneceu enterrado sobre escombros a poucas centenas de metros do *bunker*. Seus restos mortais foram encontrados em 1972, mas só foram identificados positivamente após um teste de DNA com um parente vivo feito em 1998.

ALBERT SPEER (19 DE MARÇO DE 1905 - 1º DE SETEMBRO DE 1981)

Enquanto Albert Speer servia como arquiteto de Hitler, foi poupado das intrigas maliciosas que caracterizavam a vida entre a liderança, mas assim que aceitou o papel de Ministro de Armamentos, ele foi lançado ao poço das cobras.

Antes de sua nomeação, Speer tivera uma relação informal com Hitler, que adorava qualquer oportunidade de estudar novos e ambiciosos projetos de construção com um colega artista, incluindo a extensa reconstrução de Berlim com linhas da Roma imperial clássica. Hitler usava Speer para preencher seus sonhos não realizados de construções monumentais criadas para durarem mil anos e depois deixarem ruínas imponentes para o mundo se maravilhar.

Mas quando Speer sucedeu o incumbente anterior, Fritz Todt, no dia 8 de fevereiro de 1942, após a morte de Todt em um misterioso acidente aéreo, ele descobriu que sua relação com Hitler e os outros líderes nazistas havia esfriado consideravelmente. Dali em diante eram apenas negócios, com uma disputa amarga por autoridade departamental travada em uma série de memorandos de palavras duras.

Em uma ocasião, Speer reclamou para Himmler que os guardas da SS em Mauthausen eram "mais do que generosos" com o uso de recursos – tanto humanos quanto materiais – e que eles poderiam ser muito mais produtivos se estivessem preparados para elaborar um "uso mais racional do pessoal disponível nos campos de concentração" para alcançarem a "atual demanda por material de guerra".

Sendo um tecnocrata eficiente, Speer designou um de seus subordinados para fazer "inspeções presenciais" rotineiras em todos os campos, o que fez o oficial da SS encarregado de suprir mão de obra forçada, Oswald Pohl, reclamar que qualquer deficiência fosse jogada de volta sob os pés de Speer, pois a SS estava apenas cumprindo ordens diretas.

Foi uma disputa que poderia alimentar inimizade entre supervisores administrativos e de fábrica em um negócio comercial, mas essa disputa aconteceu entre os criminosos que cometeram genocídio sancionado pelo Estado, cuja força de trabalho era explorada, torturada e espancada até a morte. Dos 10 mil prisioneiros do campo de concentração de Sachsenhausen convocados por Speer para trabalhar nas pedreiras que forneceriam o material necessário para os novos prédios do Führer, apenas 200 sobreviveram.

A corrupção era endêmica entre aqueles que estavam no poder, pois não havia autoridade democrática que exigisse prestação de contas. Inevitavelmente, aquela filosofia de servir aos próprios interesses se infiltrou em todos os ramos da administração e nas empresas civis que os serviam. Fabricantes teimosamente resistiam a entregar suas fábricas à produção de armamentos e munições até outubro de 1943, quando Speer os ameaçou com o "tratamento à la Himmler" se não cooperassem. Mesmo se fossem fiéis membros do partido e apoiassem a guerra, eles primariamente desejavam enriquecer se pudessem se safar e muitos fizeram isso, subornando oficiais do partido com “presentes” em troca de favores não especificados.

Por essa razão, tanto oficiais regionais quanto locais foram rápidos em aproveitar a chance de reclamar de Speer quando ele ficou temporariamente incapacitado com uma séria doença, em janeiro de 1944. As reclamações foram tão ferozes e disseminadas que, ao se recuperar, Speer ofereceu sua renúncia, mas Hitler não a aceitou.

De acordo com Speer, ele e Himmler continuamente competiam um com o outro por poder, com Himmler ordenando a prisão de membros da força de trabalho de Speer sob falsas acusações para que pudessem ser relocados para as fábricas da SS. Como consequência, a produtividade caiu para Speer, algo que o ocupava e enfurecia mais do que o tratamento desumano dos prisioneiros, em particular porque teria de responder pela queda na produção. Speer também se frustrava com o desperdício de recursos de Himmler (principalmente de mão de obra) em projetos excêntricos e impraticáveis, após vários malucos convencerem o Reichsführer de que iriam aumentar a produtividade e ganhar a guerra.

As memórias de Speer, porém, devem ser lidas com cautela, já que ele as usou para apoiar sua afirmação de que fora “ingênuo” sobre as terríveis condições sofridas pelos prisioneiros levados a trabalhar em suas fábricas de armamentos e campos de trabalho forçado.

Mesmo quando os Aliados já cercavam o Reich nos últimos meses da guerra, Himmler insistiu em seus esforços de minar a autoridade de Speer. Na raiz dessa inimizade havia a crença de que Speer não possuía qualificações para cumprir suas responsabilidades como Ministro de Armamentos. O fato de que o míope e baixinho Himmler também não era qualificado para liderar a SS não o impediu de tentar exercer autoridade sobre outros departamentos, mesmo prejudicando o esforço de guerra ao fazê-lo.

ALFRED ROSENBERG, O "FILÓSOFO" NAZISTA (12 DE JANEIRO DE 1893 - 16 DE OUTUBRO DE 1946)

Os inimigos de Alfred Rosenberg caçoavam dele por ter "uma mente de segunda categoria", então talvez seja apropriado que ele tenha sido acusado de escrever o segundo livro mais odiado da história da literatura: *O mito do século XX*. Em comum com *Mein Kampf*, poucos leitores realmente conseguiram ler a obra por inteiro.

A infame e falaciosa diatribe de Rosenberg foi considerada leitura obrigatória pela liderança nazista, mas no banco dos réus em Nuremberg cada um dos acusados negou tê-lo lido. Em privado, Hitler rejeitou o livro como sendo um "lixo ilógico" e "besteira que ninguém consegue entender", enquanto Goebbels zombava do livro e de seu autor tachando a obra de um "arroto ideológico".

Foi Goebbels quem apelidou o aspirante a "filósofo" de Beinahe ("Quase") Rosenberg, pois ele "quase conseguiu se tornar um acadêmico, um jornalista, um político, mas apenas quase".

Rosenberg estava ciente de suas limitações como político, admitindo em suas memórias que ele prevaricava quando precisava tomar grandes decisões e achava difícil se impor. Mas foi precisamente por causa de sua falta de liderança que Hitler apontou Rosenberg como líder do Grossdeutsche Volksgemeinschaft (uma frente para a parte dissolvida do NSDAP) quando ele foi condenado por sua participação no Putsch de Munique, em março de 1924. Hitler sabia que homens como Gregor Strasser queriam tomar as rédeas assim que seu líder saísse do caminho e ele precisava garantir que o homem escolhido não representaria séria ameaça para seus rivais durante sua ausência.

Rosenberg admitiu livremente: "Hitler me valoriza muito, mas ele não gosta de mim."

Rosenberg considerava a si mesmo um intelectual e se imaginava muito respeitado, enquanto seus oponentes dentro do partido o enxergavam como nada mais do que um esnobe pomposo e convencido que não fazia esforço para disfarçar seu desdém pelos membros da classe trabalhadora. Eles não gostavam de seu ar afetado de superioridade e continuamente precisavam lembrá-lo que o partido fora fundado por trabalhadores e que não era uma plataforma para políticos de ocasião que queriam criar um nome para si.

TEÓRICO RACIAL

Mas Hitler precisava de alguém para justificar o infundado sentimento antissemita dizendo algo que lembrasse argumentos razoáveis e Rosenberg parecia bem qualificado, já que recebera boa educação, embora evidentemente tenha fracassado em distinguir a diferença entre fato e ficção. Foi Rosenberg quem perpetuou o mito de que todas as raças eram diferentes física e intelectualmente e que a raça "nórdica" ou ariana era superior em todos os aspectos. Rosenberg argumentava que reprodução inter-racial levou à contaminação e enfraquecimento do povo ariano, que deveria purgar a si mesmo do sangue contaminado. Ele dizia que apenas "purificando a raça dos elementos impuros" eles obteriam o papel destinado a eles de Raça Mestre.

A argumentação de Rosenberg foi fatalmente minada por sua dependência de uma infame falsificação, *Os Protocolos dos Sábios de Sião* (uma escandalosa peça de propaganda antissemita que foi usada como "prova documental" de que os judeus faziam parte de uma conspiração global). Ele também usou as absurdas e fantasiosas teorias de Richard Walther Darré, cujo livro *Sangue e terra* vendia a ideia de que o solo da Alemanha fora fertilizado pelo sangue daqueles que foram enterrados ali e que, ao consumir o produto da terra, o sangue fortaleceria seus descendentes.

Robert H. Jackson, procurador americano no tribunal de guerra de Nuremberg, certamente estava aludindo às ideias ilógicas e mal informadas de Rosenberg quando acusou a liderança nazista de "falência intelectual". Foi indicativo da falta de fibra moral de Rosenberg que ele tenha recuado quando foi desafiado a substanciar seus insultos racistas inflamatórios, incapaz de fornecer alguma prova de suas premissas irracionais.

> Eu não disse que os judeus eram inferiores. Nem mesmo disse que eles formam uma raça. Eu meramente enxerguei que a mistura de diferentes culturas não funciona.

UM MONARCA SEM REINO

Hitler estava sendo pressionado a encontrar uma posição oficial para Rosenberg. Ele cobiçava o papel de Ministro de Relações Exteriores, mas Hitler deu essa posição para Ribbentrop. Em vez disso, ele acabou bancando o anfitrião para visitantes estrangeiros sob o imponente, mas vazio, título de "Deputado do Führer do Partido Nacional-Socialista para Todo o Treinamento Espiritual e Ideológico do partido". E eles diziam que Hitler não possuía senso de humor!

ROSENBERG ESTIMOU O VALOR DA PILHAGEM RETIRADA DA FRANÇA EM UM BILHÃO DE REICHSMARKS. E FOI APENAS O COMEÇO.

Mas Rosenberg encontraria um papel significativo em junho de 1940, que o conduziria à forca em Nuremberg – o de chefe do Einsatzstab Reichsleiter. Rosenberg, o braço oficial do regime encarregado do roubo de tesouros artísticos dos países ocupados. Em questão de seis meses, Rosenberg estimou o valor da pilhagem retirada apenas da França em 1 bilhão de reichsmarks. E foi apenas o começo. No total, mais de 10 mil pinturas inestimáveis foram enviadas da França e dos Países Baixos para a Alemanha.

Então, em abril de 1941, Rosenberg foi promovido a Reichsminister dos Territórios Orientais Ocupados, antecipando uma campanha bem-sucedida na Rússia. Ele se imaginava mandando e desmandando sobre os eslavos, que seriam forçados à escravidão para servirem seus mestres alemães. O sul da Rússia seria entregue à produção de comida para os conquistadores, com a população local sendo alimentada apenas o bastante para manter sua eficiência. Entretanto, eles teriam permissão para praticar sua religião para não se revoltarem, pois eram considerados pouco mais do que selvagens que adoravam ídolos pagãos.

Os alemães também imaginaram que o tédio e a angústia de ser escravizado seria aliviado por música de fundo igual àquela que mantinha os trabalhadores em suas máquinas nas fábricas soviéticas.

Mas o tratamento humano terminava aí, pois os alemães permitiam que seus escravos se comunicassem entre si apenas por meio da linguagem de sinais. Sua reprodução era controlada por abortos forçados e seus movimentos eram restritos a áreas designadas das vilas onde viviam e trabalhavam como servos medievais servindo seus mestres alemães.

Educação era proibida, já que não teria utilidade a eles.

A visão de Rosenberg de viver a vida de um faraó moderno não durou muito, pois suas diretivas foram desconsideradas por Himmler, Sauckel e os outros Comissários do Reich que contornaram sua autoridade e ignoraram seus protestos. Sauckel argumentou que precisava de homens para os vários projetos de trabalho forçado dentro da Alemanha, incluindo a escavação dos terrenos de teste dos foguetes V1 e V2 em Peenemünde, enquanto Himmler exigiu trabalho escravo para as fábricas e campos de concentração administrados pela SS. Göring também exerceu sua prioridade como superintendente da economia oriental, deixando Rosenberg como um "monarca sem reino ou súditos", como taxou Goebbels.

O "filósofo" de Hitler finalmente percebeu a futilidade de seus esforços em 1944. Foi apenas então que ele entendeu o quanto era desprezado pela liderança. Ninguém nem ao menos acusou o recebimento de sua renúncia.

JOACHIM VON RIBBENTROP (30 DE ABRIL DE 1893 - 16 DE OUTUBRO DE 1946)

HERR BRICKENDROP

Se havia uma coisa sobre a qual a liderança nazista concordava era sobre quem merecia ódio. Oficialmente eram os judeus, mas em privado seu desprezo era concentrado sobre um homem – Ulrich Friedrich Wilhelm Joachim von Ribbentrop.

O Ministro das Relações Exteriores era um alvo fácil para ser ridicularizado, já que era totalmente inadequado para a posição para a qual fora nomeado. Hitler pensava que as conexões de negócios adquiridas por Von Ribbentrop enquanto trabalhava como vendedor de champanhe poderiam se tornar úteis em negociações.

O Führer, cuja experiência do mundo fora limitada aos campos de batalha da França e da Bélgica durante a Primeira Guerra Mundial, também ficou impressionado pelo fato de Ribbentrop ter viajado para o exterior, especificamente para a América do Norte, onde cultivou uma breve amizade com Joseph Kennedy. Porém, Hitler tomou a decisão de nomeá-lo sem considerar sua falta de sensibilidade e ignorância dos protocolos diplomáticos.

Quando recebeu o Rei Jorge VI, Von Ribbentrop quase furou o olho real com uma saudação nazista desastrada (uma gafe que lhe rendeu o apelido de "Brickendrop"), enquanto sua atitude imperiosa e intimidadora alienava tanto sua própria equipe quanto os dignitários estrangeiros. Ele adorava fazer seu mordomo inglês servi-lo de telefone na mão enquanto ele tomava seu banho matinal. Quando alguém ligava, o mordomo dizia para o interlocutor esperar até ele emergir e se enrolar em uma toalha, uma espera que fazia a maioria simplesmente desligar.

Os britânicos imediatamente sentiram aversão por seu sotaque inglês afetado e seu jeito teatral, ma s o pior de tudo eram suas descaradas tentativas de ser aceito na sociedade e nos clubes de cavalheiros, sendo que todos recusaram apoiar seus pedidos de ingresso. Ainda pior, ele era tão lastimamente ignorante sobre os assuntos exteriores que, quando foi preso, ao final da guerra, carregava uma carta endereçada a "Vincent" Churchill.

Os nazistas nunca poderiam ter confiado a política externa a alguém tão lamentavelmente incompetente e inepto como Von Ribbentrop. Se tivessem devotado uma fração dos recursos que torraram rastreando a origem ariana de cidadãos suspeitos investigando Von Ribbentrop, teriam descoberto que seu potencial valor para eles fora avaliado trinta anos antes por um de seus professores, que chamou o jovem de "o garoto mais estúpido de sua classe".

PRETENSIOSO

É verdade, ele não era o homem mais esperto, mas reconhecia uma oportunidade quando via e foi provavelmente um dos poucos nazistas a fazer fortuna durante os anos de hiperinflação. Ele subornou oficiais da alfândega em Rhineland para que fizessem vista grossa para sua exportação de vinhos e bebidas francesas pela zona franca até a Alemanha. Para agradecer, seus clientes lhe davam dicas que o ajudavam a lucrar com o mercado financeiro enquanto seu país despencava para dentro da Grande Depressão.

Ele também era descaradamente pretensioso, adquirindo o aristocrático "von" em 1926 após implorar para um parente senil que o adotasse. Esse episódio em particular o tornou uma figura de escárnio aos olhos de Goebbels, que zombava dele pelas costas, rindo ao dizer que ele havia "comprado seu nome, casado com seu dinheiro e fraudado uma posição no governo". Esse último comentário era uma referência ao fato de que Von Ribbentrop havia iniciado suas próprias missões diplomáticas em 1934, após ter sido preterido para a posição de Ministro as Relações Exteriores, na esperança de se mostrar útil para o Führer. Hitler era facilmente impressionável e, após chamá-lo de "o segundo Bismarck", ele o nomeou embaixador em Londres dois anos mais tarde.

É provável que ele tenha recebido a posição por recomendação de seu rival, o então Ministro das Relações Exteriores Constantin von Neurath, que queria manter Von Ribbentrop longe por medo de que interferisse em assuntos estrangeiros, para os quais ele evidentemente não era qualificado. Von Ribbentrop suspeitou disso e atrasou sua partida o quanto pôde, e depois encontrou inúmeras desculpas para retornar para a Alemanha, o que lhe rendeu o apelido "o ariano andarilho".

Mas para a surpresa de todos, Von Ribbentrop recompensou a fé de Hitler no ano seguinte ao supervisionar a assinatura do acordo naval anglo-germânico, que garantiu aos aliados permissão para reconstruir a Marinha alemã ao mesmo tempo em que restringia o tamanho dos navios e armamentos. Von Ribbentrop também foi instrumental em reviver o Pacto Anticomintern,[9] que assegurou o apoio estratégico dos Aliados do Eixo.

Entretanto, foi apenas uma questão de tempo antes de Von Ribbentrop se exceder ao tentar enganar Hitler. Em 1938, ele foi chamado para explicar os gastos excessivos de seu "Bureau Ribbentrop", um escritório privado que ele criou em 1932 para cultivar contatos de negócios e espionar seus competidores. O tesoureiro do Partido Nazista, Franz Schwarz, havia descoberto que Von Ribbentrop estava empregando uma equipe de 350 pessoas e pagando seus salários com fundos do partido. Quando Hitler ouviu sobre isso, ele exigiu saber quantas pessoas seu ministro estava

9 O Pacto Anticomintern foi o acordo de auxílio mútuo firmado entre Alemanha e Japão para o caso de ataques da União Soviética. (N. E.)

empregando. Von Ribbentrop respondeu que eram apenas 150, e os relatos dizem que Hitler então explodiu de raiva.

"O quê? Como você ousa mentir para mim?", ele teria gritado.

> VON RIBBENTROP SE TORNOU CONVIDADO FREQUENTE DAS ANFITRIÃS JUDIAS NOS SALÕES DE FRANKFURT E BERLIM.

No mesmo dia o Bureau Ribbentrop foi fechado, 200 funcionários foram dispensados e os 150 restantes foram relocados para o Ministério das Relações Exteriores, para a consternação de seus novos colegas que se ressentiram da chegada de pessoas qualificadas apenas para baterem as botas e gritarem "Heil Hitler".

Nesse momento, Ribbentrop já havia substituído Von Neurath como Ministro das Relações Exteriores e mais ressentimentos ameaçaram parar o ministério após o novo incumbente introduzir um uniforme obrigatório, um sistema de classificação parecido com o do Exército e inspeções diárias de toda a equipe, homens e mulheres. Todas as manhãs, os funcionários se alinhavam no pátio e seus uniformes eram inspecionados pelo olhar hipercrítico de Von Ribbentrop antes de começar a dar as ordens do dia.

Cogita-se que ele apenas sucedeu Von Neurath como ministro porque Hitler podia contar com ele para obedecer qualquer ordem. Mas, na verdade, Hitler devia a Von Ribbentrop uma posição sênior por ele ter arquitetado a nomeação à chancelaria em 1933 ao marcar uma reunião crucial com Von Papen na casa do influente banqueiro Franz von Schröder, que havia "emprestado" aos nacional-socialistas os milhões que precisavam para garantir os votos necessários na campanha eleitoral.

Von Neurath possuía apenas desprezo por seu sucessor, dizendo: "Aquele ordinário sempre tentou se vender para quem pagasse mais. Que Deus tenha piedade do Reich!". Anos mais tarde, enquanto esperava o julgamento em Nuremberg, Von Neurath informou seu interrogador que nenhum oficial na administração nazista possuía menor estima do que Von Ribbentrop: "Ele fez mais mal do que bem com suas intromissões estúpidas."

FALSO BRITÂNICO

O melhor que poderia ser dito sobre Von Ribbentrop era que ele não possuía reputação de um feroz antissemita, tendo uma vez feito negócios com o banqueiro judeu Herbert Gutmann para distribuir bebidas e vinhos franceses; porém, da noite para o dia, ele descobriu que adotar uma atitude de violência contra judeus conquistava a aprovação de Hitler. Também foi uma postura lucrativa que permitiu ao ex-vendedor de champanhe comprar o negócio de seu ex-empregador por uma fração do valor. A importadora de vinhos Sichel and Company, de Mainz, era avaliada em 4,6 milhões de marcos quando Von Ribbentrop a adquiriu por meros 100 mil marcos.

Ele obteve um gordo lucro com sua parceria com banqueiros judeus e logo se tornou um homem rico e frequente convidado de Madame Rothschild e outras anfitriãs judias nas mansões de Berlim e Frankfurt. Lá ele assistia às comédias encenadas nos salões para o deleite dos convidados e foi elogiado por seu sotaque inglês aristocrático, o que levou Robert Ley, chefe da Frente Alemã para o Trabalho, a zombar dizendo que Von Ribbentrop agora falava alemão com um sotaque inglês. É claro, quando se tornou um nazista importante, Von Ribbentrop também se tornou persona non grata nas mansões de Berlim e Frankfurt, mas a essa altura ele já não precisava de seus antigos amigos.

Nomear Von Ribbentrop para o Ministério das Relações Exteriores foi um erro fatal da parte de Hitler, pois o oficial ofendia praticamente todas as pessoas com quem entrava em contato, garantindo que o *establishment* britânico olhasse desfavoravelmente para as sondagens alemãs quanto a uma aliança contra a Rússia Soviética nos anos anteriores ao pacto nazista-soviético. Se Hitler tivesse nomeado um homem competente, ele poderia ter influenciado a facção do *establishment* britânico, os conciliadores, que implorava que o governo fizesse mais concessões à Alemanha nazista.

Mas Von Ribbentrop era pretensioso demais para bancar o diplomata. O aristocrata de araque mantinha alfaiates de Savile Row exclusivos esperando todas as manhãs antes de mandá-los embora com um pedido para voltarem no dia seguinte. Consequentemente, eles informavam aos seus clientes de sangue azul que Von Ribbentrop não era nenhum *gentleman*.

Ele foi batizado de "Ribbensnob" por seus críticos britânicos, e embora tenha se esforçado para conquistar as graças da alta sociedade, fazendo amizade com pessoas como o Rei Eduardo VIII e sua amante americana Sra. Simpson, ele fez isso sob a errônea crença de que a nobreza influenciava a política externa britânica.

Não foi apenas sua singular falta de tato, mas também seu horrível gosto o que ofendia as sensibilidades britânicas. A revista *Life* reportou que o primeiro ato de Von Ribbentrop ao chegar à embaixada alemã em Carlton House Terrace foi arrancar a fantástica decoração tradicional para que ele pudesse hospedar jantares e recepções para duzentos convidados. Além disso, ele teve a insensibilidade de impor uma decoração nacional-socialista de péssimo gosto por toda a histórica propriedade. Ele mal passou um mês no país e já estava encarando a fúria da Sociedade Inglesa para a Preservação de Monumentos Nacionais, que se opôs à descaracterização dos afrescos, tetos e lareiras do século XVIII. Sua esposa também experimentou a hostilidade dos nativos quando ordenou que a grama em frente à embaixada fosse retirada e substituída por um jardim de pedras. A burocracia britânica se provou tão intratável quanto sua equivalente alemã. O Departamento de Parques e Jardins informou *Frau* Von Ribbentrop que ela precisaria obter aprovação das outras residências, o que colocou um fim naquela empreitada em particular.

O arrogante embaixador considerou aquilo como um leve aborrecimento, mas se ofendeu quando a matrícula de seu filho mais velho, Rudolf, foi recusada na Eton College, tomando como um insulto pessoal. O garoto foi então enviado a Westminster School, e durante os feriados ele era frequentemente visto no terraço frontal da vila de seus pais em Dahlem, Berlim, lendo uma cópia de *Mein Kampf*. Isso aconteceu com tanta frequência que jornalistas logo chegaram à conclusão de que ele posava deliberadamente a mando de seus pais.

Quando a guerra estourou, havia pouco para Von Ribbentrop fazer a não ser se ocupar atrás de uma escrivaninha quando não estava bancando o anfitrião para os Aliados do Eixo. Mas até mesmo eles consideravam sua pompa insuportável, com Mussolini descrevendo o diplomata nazista como "um imbecil".

HEINRICH HIMMLER (7 DE OUTUBRO DE 1900 – 23 DE MAIO DE 1945)

OS PRIMEIROS ANOS

Albert Speer descreveu bem Heinrich Himmler, o mal-apessoado e improvável líder da Gestapo e da SS, quando se referiu a ele como tendo "uma personalidade completamente insignificante... meio professor, meio excêntrico". Outros comentaram a subserviência excessiva, a obsessão com detalhes (ele até mantinha um sistema de arquivos para registrar os presentes que recebia) e sua compulsão neurótica em registrar cada centavo que seu escritório gastava.

Seu senso de dever e desejo de agradar seus superiores não era controlado por princípios ou escrúpulos, já que não possuía nem um e nem outro. O jornalista alemão Guido Knopp sugeriu que ele era um homem que personificava as "virtudes menores" da ordem e obediência, do senso de dever, respeito por autoridade, trabalho duro e parcimônia. Esses traços foram transmitidos por seu pai, um professor pedante e provinciano que enxergava defeito em tudo que seus filhos faziam e que se comportava de forma servil com seus superiores e de forma autoritária com seus alunos.

O segundo de três filhos, Himmler recebeu o nome de seu padrinho, o Príncipe Heinrich da corte da Bavária, que fora aluno de seu pai e que servia de modelo, cuja comparação sempre desfavorecia o jovem Himmler.

Quando criança ele era tímido, solitário e introvertido, além de ter vista ruim e dores crônicas de estômago, que o dispensavam das aulas de esporte e atividades ao ar livre, algo que também era motivo de decepção para seu pai. Ele então se ocupava com sua coleção de selos e com aulas de piano, na esperança de receber aprovação paterna através de seus talentos musicais, mas acabou abandonando o instrumento após dez anos de esforço em vão.

O jovem Heinrich recebeu um diário para registrar o dia a dia mesmo nos dias de folga da escola, e suas entradas diárias eram corrigidas por seu pai dominador. Durante os intervalos, Heinrich era obrigado a espionar seus colegas a mando do pai (que também era diretor da escola), uma atividade que ele continuaria exercendo, enquanto chefe da SS, com um interesse sobre a vida privada de seus homens que beirava ao voyeurismo.

Ele era jovem demais para se voluntariar ao Exército quando a guerra foi declarada em 1914, mas três anos mais tarde se alistou e passou o último ano da guerra trabalhando como escrivão. Quando a Alemanha se rendeu, ele se matriculou no Colégio Técnico de Munique como estudante de agricultura e depois foi estudar química e biologia na faculdade. Após a graduação ele trabalhou como fazendeiro de aves e vendedor de fertilizantes, mas logo se viu envolvido com o movimento nacionalista e se juntou a uma organização paramilitar de direita. Lá entrou em contato com o líder da SA Ernst Röhm e ganhou a posição de assistente de Gregor Strasser, o amargo rival de Hitler nos primeiros anos do Partido Nazista. Diferentemente de Hitler, Strasser levava muito a sério a parte socialista do nome do partido.

O irmão de Gregor recordou suas impressões do jovem Himmler, descrevendo-o como "perspicaz" e parecendo um "rato desnutrido". Himmler passava o dia todo vasculhando fazendas e vilarejos em busca de armas e conseguiu construir um formidável arsenal que seria usado para lutar contra os rivais comunistas.

EXPANSÃO DA SS

Sem nunca perder uma oportunidade para avançar de posição, Himmler começou a passar informações para Hitler sobre Strasser, que depois seriam usadas pelo Führer para se livrar de seu rival. Como recompensa, Himmler foi nomeado segundo no comando da SS, a segurança de elite de Hitler, que na época não passava de trezentos homens. Foi uma promoção que confundiu os conselheiros de Hitler, mas a SS na época era subordinada à SA e o papel do segundo no comando não era visto como de grande significância ou conferindo qualquer autoridade.

Himmler era por natureza um indivíduo fraco e sem coragem que estava muito ciente de seu físico débil e inadequado, o que o desqualificaria para servir a SS. Para compensar suas deficiências e falta de caráter, ele buscava obediência inquestionável de seus subordinados, a quem ordenava atos de crueldade que ele próprio não conseguia realizar, confundindo a aquiescência deles com respeito. Por sua vez, seus inimigos interpretavam sua indiferença como uma crueldade demoníaca. Mas ele não possuía problema algum em se voltar contra um antigo companheiro como fez na noite em que ordenou o assassinato de Gregor Strasser, seu antigo superior, durante o expurgo de Röhm em julho de 1934. Com Röhm e seus tenentes fora de cena, a sa foi fatalmente enfraquecida e o caminho se tornou livre para a ascensão de Himmler.

Himmler encontrou um aliado improvável em Göring quando

veio a hora de podar a SA. Os dois homens compartilhavam um desprezo por Röhm, que fazia exigências irrazoáveis sobre Hitler para ganhar influência política dentro do partido. Göring queria Röhm eliminado para ganhar a liderança para si mesmo, enquanto Himmler cobiçava o poder que Röhm possuía como líder dos Camisas Pardas.

OS PRINCÍPIOS FUNDAMENTAIS AO CREDO DA SS FORAM TODOS PASSADOS PARA O JOVEM HIMMLER POR SEU PAI.

Quando o banho de sangue terminou, Göring recebeu a promessa de que seria imediato de Hitler (embora só tenha sido nomeado oficialmente após Rudolf Hess cair em desgraça ao voar para a Inglaterra em sua louca missão de paz). Himmler, entretanto, imediatamente capitalizou a morte de Röhm e o expurgo de sua organização paramilitar ao expandir a SS de 60 mil homens para uma formidável força de 3 milhões de soldados, um contingente que era independente do partido e isento das leis que governavam os cidadãos normais.

Ironicamente, Himmler revelou seu desprezo tanto pela lei quanto pelos direitos dos cidadãos comuns que estavam à sua mercê em um discurso que ele deu na Academia de Leis da Alemanha em outubro de 1936. Daquele momento em diante a SS se posicionou efetivamente acima da lei e seu líder respondia apenas a um homem – Adolf Hitler.

No mês de novembro anterior, Himmler havia identificado os quatro princípios que ele acreditava serem fundamentais para o credo da SS. O primeiro, ele disse, era o reconhecimento da importância das características físicas dos soldados da SS e a "pureza" de seu sangue ariano, que deveria ser "não contaminado" pelas "impurezas" semíticas. O segundo era sua vontade de lutar e seu desejo por liberdade (referindo-se à liberdade de fazerem o que quiserem, independentemente de restrições morais ou legais). O terceiro princípio era a lealdade ao Führer e a honra do juramento de devoção ao *Weltanschauung* (visão de mundo) do Nacional-Socialismo. Nessa visão, o coração deveria governar a cabeça; em outras palavras, eles não deveriam pensar, mas agir com um senso de dever. O quarto e último princípio era a obediência inquestionável aos superiores. Todos esses princípios foram inculcados e impostos ao jovem Himmler por seu pai. Mas agora ele havia encontrado um novo pai, uma figura paterna que era severa, mas que aprovava seu "fiel Heinrich": Hitler.

Curiosamente, Goebbels considerava admiráveis essas atitudes questionáveis, elogiando Himmler por sua diligência e honestidade, e descrevendo o ex-fazendeiro de aves como alguém "culto" e "de boa natureza", o que revela mais sobre o distorcido senso de valores do Ministro da Propaganda do que sobre Himmler.

PROJETOS E ESQUEMAS

Diferente de Goebbels, o Reichsführer-SS não lucrou financeiramente com sua posição. Ele morava sem pagar aluguel em uma grande, mas desfavorecida casa em Dahlem, Berlim, e parecia contente com seu salário de 24 mil reichsmarks, embora juntasse milhões de marcos em seus projetos privados. O mais luxuoso entre eles foi a reforma do Castelo de Wewelsburg, em Vestfália, que serviria tanto como escola de treinamento para sua elite da SS quanto como cenário perfeito para as práticas pseudomágicas que Himmler esperava que conferissem uma aura de invencibilidade mística à sua ordem negra de Cavaleiros Teutônicos. Mas seu interesse intenso por terapias alternativas, por esoterismo e pelo oculto se dava apenas em um nível superficial. Ele não possuía conhecimento profundo ou experiência sobre esses assuntos, sendo somente um fantasista que aproveitava qualquer teoria excêntrica para legitimar a crença na superioridade da raça ariana.

Seu patrocínio de expedições infrutíferas em busca de artefatos religiosos e seu financiamento de projetos como o túnel até o centro da Terra em 1941 torraram preciosos recursos. Esse último viu milhões de reichsmarks sendo gastos em escavações de um túnel de 16 quilômetros em um local secreto na Hungria, no qual Himmler planejava descer em um vagão para fazer contato com uma raça mítica.

Mas o esquema mais perverso de Himmler foi a criação das maternidades da Lebensborn, onde garotas alemãs elegíveis se faziam disponíveis para fecundação por homens da SS com o objetivo de produzir uma Raça Mestre de puros super-homens arianos. Tanto homens solteiros como casados deveriam participar do programa, que era visto como uma contramedida aos éditos da Igreja Católica. Encorajar casos extraconjugais era a maneira de Himmler de minar o catolicismo, que ele rejeitara quando jovem e agora desejava ver "arrancado pela raiz". O cristianismo deveria ser substituído pelo culto neopagão do nacional-socialismo; a cruz seria substituída pela suástica, a bíblia por *Mein Kampf* e Jesus pelo messias da própria Alemanha, Adolf Hitler.

HIMMLER E MARGARETE

O zelo puritano de Himmler o levara a fazer um voto de castidade antes de seu casamento em julho de 1928 com Margarete Boden, uma mulher sete anos mais velha, e um voto de fidelidade depois disso, mas tudo logo foi esquecido. Assim que percebeu que seu uniforme e autoridade exerciam certa atração em muitas mulheres, ele começou a explorar sua posição para ter um caso com sua secretária, Hedwig Potthast, com quem teve dois filhos ilegítimos. Himmler instalou sua amante confortavelmente em um ninho de amor especialmente construído em Berchtesgaden ao custo de 85 mil reichsmarks, arrumados por Martin Bormann.

O sexualmente inexperiente Himmler sentia atração por sua esposa, uma loira divorciada de olhos azuis, em parte porque ela era uma enfermeira e possuía uma fatia de uma clínica de saúde privada que ele esperava que pudesse sustentá-lo, enquanto seu conhecimento médico prometia uma cura para suas doenças crônicas. Como uma divorciada, ela não tinha esperanças de encontrar um marido e enxergou nele uma maneira de escapar dos "impossíveis" médicos judeus que ela desprezava, mas com quem precisava trabalhar. A natureza misantrópica dela e a crença de que as mulheres eram o sexo frágil alimentaram a fantasia dele de ser um forte protetor e ajudaram a superar seu medo de inadequação.

A correspondência entre eles revela uma timidez infantil, em forte contraste com a imagem pública de indiferença que Himmler projetava.

> Você sabe que tem um homem que pode chamar de seu, que é profundamente grato a você por seu amor e cujos pensamentos livres que a luta lhe permite são seus – e que ama e honra a sua pessoa como a coisa mais doce e pura que ele tem.
>
> Espero que todos sejam gentis com você, que nada a irrite e que você não precise se preocupar com nada. Deixo um carinho em sua testa e um beijo em sua boca querida.
>
> O seu Heini.

Ela enxergava pouco futuro para ele no partido e tentava persuadi-lo a dedicar sua vida a tornar realidade o sonho de possuir uma pequena fazenda. Ela se ressentia do tempo que ele estava passando com Hitler.

"Por que você vai a um comício de Hitler, se você certamente já sabe o que ele vai dizer?", ela escreveu.

"Se ao menos você não tivesse mais que acompanhar o Chefe. Ele toma tanto o seu tempo."

"Seria realmente bom se você não fosse um membro do movimento. Saia desse partido velho."

Por todo o seu zelo nacional-socialista, Margarete Himmler não viu nada hipócrita ou não patriótico em gastar até 1.300 marcos por mês (o equivalente a 20 mil dólares hoje) em "pequenos luxos" para si mesma e seus três filhos quando cidadãos comuns estavam restritos a se sustentar com até 50 marcos por mês.

ESTRANHA CORRESPONDÊNCIA

Em 1933 o casal Himmler adotou Gerhard von der Ahe, o filho de cinco anos de um homem assassinado da SA, mas Himmler não o considerava como o filho que sempre desejou ter e o castigava com um chicote de couro. O garoto foi enviado para uma escola nacional-socialista, mas foi expulso por não alcançar os resultados esperados e Margarete se recusou a aceitá-lo de volta.

O líder da Juventude Hitlerista Baldur von Schirach teve a impressão que Himmler era "atazanado" por sua esposa dominadora, enquanto outras pessoas que a conheciam a descreviam como uma provinciana de mente fechada que teria pouco entendimento do papel de seu marido no regime. Entretanto, Margarete possuía muito orgulho do status de seu marido no partido e frequentemente lembrava aos seus vizinhos sobre quem ele era. Em uma ocasião ela estava sendo conduzida no carro da família, que possuía a placa número SS2, quando foi ultrapassada por outro carro. Ela imediatamente ordenou que o motorista ultrapassasse de volta o carro impertinente para que ela pudesse censurar seus ocupantes.

Mas a revelação mais bizarra que emergiu da recente descoberta das cartas e diários privados de Himmler foi a estranha natureza de sua correspondência íntima.

Em uma carta ela escreveu: "Tenho tanta sorte por ter um marido tão mau que ama sua esposa tão má... tanto quanto ela o ama."

E a resposta dele: "A vingança – será divertida. Não sou nada além de vingança eterna. Minha alma negra pensa sobre coisas impossíveis."

O ódio mútuo contra judeus os tornava mais próximos, um ódio que foi incrementado quando Margarete foi forçada por circunstâncias financeiras a vender a clínica de saúde que pertencia parcialmente a ela para um médico judeu. Seu marido compartilhou de sua dor.

"Pobrezinha", ele escreveu, "você precisa lidar com os miseráveis judeus por causa de dinheiro."

AMIGOS ENVIADOS PARA A MORTE

Em público, a liderança nazista dizia seguir ardentemente o nacional-socialismo, mas em particular eles faziam o que queriam. Goebbels e Göring possuíam vilas palacianas, enquanto suas esposas ostentavam cosméticos e roupas parisienses à revelia de seu Führer, que havia deixado claro seu desgosto por tais luxos. Hitler alegremente dizia para suas convidadas em Berghof e em visitas oficiais que suas maquiagens eram feitas de gordura animal. Apenas *Frau* Bormann e Margarete Himmler se adequavam à imagem rústica que Hitler considerava como a epítome da mãe alemã ideal. Elas se vestiam em *Tracht* (roupas tradicionais) como decretado pelo Instituto de Moda do Reich e trançavam seus cabelos em um coque. O cunhado de Margarete (o irmão mais velho de Heinrich) a descreveu como uma mulher fria e sem emoções que sofria de timidez e estava sempre reclamando. Sua única característica redentora, ele disse, era ser "uma dona de casa exemplar".

> NINI, A ÚNICA AMIGA PRÓXIMA DE MARGARETE, ERA ESPOSA DE UM HOMEM QUE REALIZAVA EXPERIMENTOS MÉDICOS SÁDICOS EM PRISIONEIROS DE DACHAU.

Ela convidava as esposas de oficiais sêniores da SS para um café da tarde todas as quartas-feiras, mas possuía pouco a dizer e a maioria de suas convidadas não gostavam dela, mas se sentiam obrigadas a participar dos encontros. Mesmo assim, elas encontravam desculpas para evitar *Frau* Himmler depois que ela tentou lhes dizer o que deveriam fazer e onde deveriam ficar durante o comício em Nuremberg de 1938.

Uma esposa nazista que não fazia esforço para esconder seu desprezo por Margarete era Lina Heydrich. Ela recusou as repetidas súplicas de seu marido para que fizesse amizade com *Frau* Himmler e até mesmo chegou a organizar um chá rival para atrair as outras esposas para longe de Margarete. A princípio ela meramente insultava a deselegante Marga, como era conhecida, ao se referir a seu peso e apetite por bolos, mas em agosto de 1936 as coisas se tornaram extremamente desagradáveis depois que Lina descobriu que Himmler tentara persuadir Heydrich a se divorciar dela. De fato, Himmler e Lina se recusaram a falar um com o outro pelos seis anos seguintes, a inimizade diminuindo apenas algumas semanas antes do assassinato de Heydrich.

A única amiga próxima de Margarete parece ter sido Karoline "Nini" Rascher, a esposa do dr. Sigmund Rascher, médico que realizava experimentos sádicos em prisioneiros em Dachau. Himmler não possuía problemas com a conduta de Rascher no campo de concentração, mas ficou irritado ao descobrir que o casal havia mentido para ele sobre seus filhos "milagrosos" ao dizerem que Nini havia dado à luz eles embora tivesse 48 anos e fosse estéril.

Na verdade, o casal Rascher havia roubado os bebês de um orfanato e alegado serem seus para ganhar a aprovação do Reichsführer. Além disso, Rascher também fora acusado de apropriação indébita.

Uma coisa que Himmler não perdoava era ser feito de bobo, então o dr. Rascher foi enviado a Dachau onde acredita-se que foi executado em abril de 1945. Sua esposa foi presa em Ravensbrück, onde foi assassinada.

FORA DA REALIDADE

Himmler estava tão fora da realidade que quando testemunhou uma execução em massa em agosto de 1942 ele desmaiou e depois teve um ataque de histeria (um incidente que ele descreveu em seu diário junto com detalhes de seus casos extraconjugais). Nas mesmas páginas ele descreveu a si mesmo como um homem "decente" e um "fantasista romântico", que escondia de sua esposa seu papel no assassinato de milhões de pessoas sob a crença de que poderia perturbá-la.

Sua racionalização estava tão comprometida que chegava a ser uma psicose, em que ele imaginava que iria se redimir ao enviar milhares de balões para crianças marcadas para morrer em Auschwitz.

Suas cartas e cartões postais enviados para sua família eram informais e íntimos, com referências casuais ao seu "trabalho" e visitas aos campos de concentração, e eram assinados com o costumeiro "Dein Heini" ("o seu Heini") ou "Euer Pappi" ("o seu papai") quando escrevia para Margarete, a quem chamava de "querida mamãe" ou "meu querido docinho". Entretanto, quando descobriu o caso de três anos de seu marido com sua secretária Hedwig Potthast em 1941, e o fato de que Hedwig havia dado à luz duas crianças, *Frau* Himmler teria ficado profundamente magoada e não totalmente convencida de que era "seu dever ariano" gerar mais filhos. O caso de Himmler com Hedwig parece ter continuado até poucos meses antes de seu suicídio em maio de 1945.

Para muitos que o conheceram, Himmler não passava de outro maluco nos moldes dos "místicos" Guido von List e Lanz von Liebenfels, cujas espúrias teorias raciais haviam influenciado a ideologia nazista, mas ele foi suficientemente astuto para lucrar com suas ideias "excêntricas". Um estrito vegetariano que não fumava nem bebia, Himmler investiu as enormes quantias levantadas pelas inscrições na SS comprando todas as fontes de água mineral e plantas de extração na Alemanha, além de fábricas de processamento de peixes, produtores de fitoterapia e fábricas de móveis que produziam itens feitos apenas com madeira natural. Até mesmo o cínico Albert Speer revisou sua avaliação de Himmler ao final da vida, creditando o "pequeno pedante insignificante" com um ouvido apurado, a paciência para considerar todas as opções antes de tomar uma decisão e um talento para escolher pessoas eficientes e capazes de cumprir ordens. Mas talvez a característica mais valiosa de Himmler, até onde Hitler sabia, era que ele nunca aspirou ao posto de Führer, pois desejava apenas servir ao seu líder. Em 1929 ele disse para sua esposa: "Acredite em mim, se Hitler pedisse para eu atirar em minha mãe, eu obedeceria."

A recompensa por sua lealdade foi outro título. Em 1939 Himmler se tornou Comissário do Reich para a Consolidação da Pátria Alemã, o que lhe deu controle político sobre os territórios conquistados e fez de sua SS responsável pela "segurança" dos campos de concentração, extermínio e trabalho forçado.

OPINIÕES SOBRE AS MULHERES ALEMÃS

As peculiares opiniões de Himmler sobre casamento e o papel das mulheres na sociedade alemã ficaram evidentes nos relatórios altamente detalhados que ele compilou para avaliar os pedidos de casamento da SS. Cada oficial da SS era obrigado a pedir a permissão do Reichsführer para se casar e tinha que cumprir sua decisão.

Himmler negava o pedido se a mulher em questão não estivesse de acordo com seus padrões pessoais ou com a imagem da companheira ariana ideal. Um oficial identificado como "B" nos registros oficiais da SS não recebeu permissão para se casar porque sua noiva parecia uma "boneca pintada", seu uso generoso de maquiagem a deixava "totalmente inadequada". Outro oficial recebeu a permissão de Himmler desde que convencesse sua futura esposa a reduzir a quantidade de batom que usava. As anotações de Himmler revelaram que ele considerava cosméticos uma fraqueza usada por mulheres de "raças inferiores" e pelas "tolas mulheres alemãs" que queriam se parecer com estrelas de cinema americanas.

"Qualquer pessoa que se apresente como mestiço... está negando seu próprio bom sangue", ele escreveu.

Sua própria esposa, conhecida por se vestir de forma recatada, não aprovava tais imodéstias e seu marido fora criado com uma atitude semelhante, embora certamente teria adotado tal atitude para aplacar sua esposa de qualquer maneira.

Ele também não aprovava que as mulheres fumassem em público, uma aversão que compartilhava com Hitler. Zelosos membros do partido eram instruídos a tirarem os cigarros de qualquer mulher que fumasse em público, além de alertá-las de que esse comportamento não seria tolerado. É de se admirar que tantas mulheres tenham votado em um partido que pregava atitudes tão regressivas e misóginas.

Mas a intromissão de Himmler nas vidas privadas de seus homens denunciava uma personalidade perversa. Os arquivos secretos da SS contêm uma anotação sobre um casal que fora aconselhado a considerar a esterilização após Himmler ter revisado o histórico de suas famílias e acreditar que seus filhos correriam o risco de "deficiência hereditária". Qualquer coisa que não fosse a perfeição ariana era considerada indigna da Raça Mestre, mas, curiosamente, Hitler era o único membro da administração que não seria capaz de oferecer prova documental de sua descendência ariana, algo cuja posse era obrigatória para todos os cidadãos do Reich.

As origens raciais das escolhidas de seus homens eram uma preocupação particular de Himmler, pois os homens da SS eram condicionados a acreditarem que eram a personificação dos atributos arianos e virtudes heroicas nórdicas. Himmler disse a seus homens que eles eram a reencarnação dos Cavaleiros Teutônicos que afastaram as hordas bárbaras séculos atrás e eram destinados a fazer isso novamente na batalha final contra o invasor soviético. Himmler acreditava que ele próprio era a reencarnação de seu líder, o primeiro Rei Saxão Heinrich I (Henrique, o "Passarinheiro"), embora o que o tenha convencido de que um herói guerreiro de outrora pudesse renascer como um ex-fazendeiro de aves míope, fraco e com problemas estomacais, ninguém sabe. Ele ainda disse a seus homens que eles eram parte de uma alma grupal que fora reencarnada para compartilhar vitórias gloriosas e que eles iriam se reencontrar outra vez na próxima vida, desde que honrassem sua irmandade e cumprissem seus juramentos de sangue através de extermínio sanguinário e sacrifícios.

Apenas mulheres nórdicas superiores poderiam ser consideradas dignas de tais homens. O formato do crânio, a cor dos olhos e a pigmentação da pele eram considerados uma base racional para determinar se uma potencial parceira seria uma boa reprodutora para os super-homens SS de Himmler.

OBSESSÃO COM ORIGENS RACIAIS

Ironicamente, os três homens mais fanáticos com as características raciais daqueles sob seu comando não teriam satisfeito seus próprios critérios. Quando o "higienista racial" do regime, Max Gruber, testemunhou diante da Corte do Povo em Munique, ele ofereceu uma avaliação de "especialista" pouco elogiosa a respeito de Hitler.

> Eu vi Hitler de perto pela primeira vez. Rosto e cabeça de tipo racial ruim, mestiço. Testa baixa e com entradas, nariz feio, maçãs do rosto largas, olhos pequenos, cabelo escuro; expressões faciais de alguém que não possui controle total, mas de alguém que sofre de excitação insana. E, finalmente, uma expressão de autossatisfação complacente.

Gruber caracterizou Hitler como um eslavo oriental e não nórdico. A origem racial determinada pela preciosa "ciência" da frenologia era algo que despertava um indecente interesse particular em Himmler. Era uma fantasia masculina adolescente que deveria ter permanecido dentro das páginas dos contos míticos de Conan, o Bárbaro, mas o nazismo nascera da mitologia fantasiosa criada pelos "místicos" nacionalistas alemães como Lanz von Liebenfels e Guido von List. O nacionalismo extremo deles e as espúrias teorias raciais haviam alimentado os racistas fanáticos da geração de Hitler com a crença de que eram descendentes de uma raça antediluviana de seres superiores, gigantes que haviam sobrevivido à destruição das lendárias ilhas de Atlantis e Lemúria. De acordo com Liebenfels, List e outros dessa turma iludida, essa raça migrou da costa norte da Europa onde se reproduziram com humanos e geraram os arianos cujo sangue puro agora estava sendo estragado pela miscigenação.

Himmler via a si mesmo como o guardião dessa linhagem exaltada e estava determinado a rejeitar qualquer homem que fosse pau mandado da mulher, sob a argumentação de que "líderes que são incapazes de liderar uma unidade de dois... são incapazes de coisas maiores". Mas "pau mandado" foi o exato termo usado pelo líder da Juventude Hitlerista Baldur von Schirach para descrever Himmler.

CARÁTER

Aqueles que tiveram oportunidade de estar na companhia de Himmler por algum tempo logo descobriram que ele era socialmente inseguro, gauche e ruim de conversa. Albert Krebs, Gauleiter de Hamburgo, reclamou que Himmler era uma companhia "quase insuportável" por causa da (incessante) "conversa fiada" que ele forçava sobre seus colegas e conhecidos "sem interrupção".

Goebbels foi mais do que generoso quando disse que Himmler era um homem "não muito esperto". Ao que tudo indica ele não era burro, porém acrítico ao extremo e crédulo ao ponto da ingenuidade. Ao final da guerra, ele acreditava que poderia negociar a libertação de prisioneiros dos campos de concentração em troca de uma gorda quantia de dinheiro e com isso garantiria passagem segura para si mesmo através das linhas russas. Ele arranjou uma reunião com um representante do Congresso Mundial Judeu e o recebeu com as seguintes palavras: "Bem-vindo à Alemanha. Chegou a hora de vocês, judeus, e nós, nacional-socialistas, deixarmos nossas diferenças para trás."

O historiador alemão Joachim Fest ironicamente observou que em uma sociedade democrática, Himmler teria permanecido na "ala dos malucos" e seria limitado a um campo de atuação que poderia apenas envolver a publicação de panfletos ou a participação em algum culto. Apenas sob um regime totalitário ele poderia adquirir o poder que lhe daria a oportunidade de colocar suas ideias em prática. É revelador que Himmler considerava o indolente, ignorante e desinformado Hitler um intelectual e um visionário que merecia adoração e admiração. A máxima de Himmler, "O Führer nunca está errado", era repetida sempre que havia oportunidade.

Talvez o aspecto mais perturbador do caráter de Himmler fosse a sua completa indiferença ao sofrimento que ele causou em suas incontáveis vítimas. Ele não era um sádico, como Mengele ou Heydrich, e nem era um criminoso que lucrava com as atrocidades que autorizava ou aprovava, mas ele simplesmente não possuía concepção das consequências de sua indiferença e desumanidade. Ele era incapaz de compaixão ou de empatia, o que o tornava a própria encarnação do *Untermenschen* (pessoa inferior) que ele dizia que desprezava.

Apesar de Himmler cultivar a imagem de um líder que se recusava a lucrar com sua posição, ele teve a vida privilegiada de um lorde feudal. Tendo recebido o nome de seu padrinho aristocrático, o Príncipe Heinrich de Wittelsbach, ele se convenceu de que possuía sangue nobre. Portanto, para ele parecia apropriado que adquirisse símbolos de poder feudal e uma propriedade condizente na qual viveu sua fantasia.

REFORMANDO WEWELSBURG

Ele gastou milhões criando sua própria Camelot privada ao reformar o castelo do século XII de Wewelsburg perto de Paderborn, em Vestfália, justificando os gastos ao alegar que a fortaleza fora local da lendária Batalha da Floresta de Teutoburgo no ano 9 d.C., quando as tribos germânicas haviam derrotado três legiões romanas. Himmler acreditava que o castelo estava destinado a ser local de uma decisiva

HIMMLER ACREDITAVA QUE O CASTELO DE WEWELSBURG ESTAVA DESTINADO A SER LOCAL DE UMA DECISIVA BATALHA FINAL CONTRA AS HORDAS INVASORAS DO ORIENTE.

batalha final contra as hordas invasoras do Oriente e, portanto, seria o símbolo da superioridade ariana.

A vitória estava escrita nas estrelas, portanto ninguém discutia com ele, pois Himmler acreditava firmemente no destino e na astrologia. A Ahnenerbe – um departamento de pesquisa de hereditariedade racial fundado por Himmler para encontrar evidências históricas que apoiassem as ilusórias teorias nazistas da ascendência e superioridade ariana "nórdica" – descobriu que a fortaleza triangular fora construída na intersecção de várias linhas de ley, o que significava que havia uma concentração incomum de energias naturais etéreas, tornando o local ideal para a realização de cerimônias mágicas e outros rituais esotéricos. Himmler não sabia nada sobre tais práticas, mas estava convencido de que a significância simbólica do local, combinada com a geometria esotérica do castelo e das energias naturais que atraía, transformavam o terreno no cenário perfeito para os rituais de iniciação da SS. O castelo seria reformado e mobiliado como uma escola de treinamento de oficiais da SS, mas na mente de Himmler, seria muito mais do que uma academia de elite. Seria o "centro espiritual" da SS.

Em 1941 foram criados planos e maquetes para mostrar como o castelo seria incorporado a uma planta muito maior que incluía uma vila para a SS, uma represa hidrelétrica e um aeroporto. A torre norte do castelo seria a base de um muro circular de três quartos apoiando dezoito torres menores, com sua distinta fundação triangular formando o perfil de uma lança. O cabo da lança seria criado por uma avenida de acesso e a lança apontaria ao norte para "o ponto de maior escuridão", como manda o esoterismo, para afastar os bárbaros.

Não foi feita economia alguma na reforma do castelo. Acredita-se que Himmler gastou o total de 15 milhões de reichsmarks na reforma e na mobília entre o verão de 1934, quando o trabalho começou, e 1943, quando todas as construções não essenciais do Reich foram proibidas. O custo humano da reforma do castelo foi, no entanto, incalculável. Mais de 1.200 trabalhadores forçados vindos do campo de concentração de Sachsenhausen trabalharam, foram espancados e exauridos até a morte durante a reconstrução.

O fosso foi escavado e alargado para cumprir a imagem de Himmler de uma fortaleza formidável, o chão da torre norte foi rebaixado e o interior foi redecorado e mobiliado de acordo com sua ideia de como um local sagrado deveria parecer. Apenas na Holanda, duzentos mil reichsmarks foram gastos com pinturas e objetos de arte.

Havia tapeçarias Gobelin forrando as novas paredes e as salas de "estudo" eram revestidas com painéis de carvalho; pesadas cortinas de brocado enquadravam todas as janelas e tapetes felpudos feitos à mão cobriam o chão de pedra. Os melhores artesãos da Alemanha foram contratados para criar tudo que o moderno castelo "medieval" precisava, desde talheres até castiçais, tudo com a insígnia da SS gravada. Carpinteiros foram empregados para esculpir a pesada mobília de carvalho que fora criada para combinar com o cenário imponente e uma forja foi instalada na torre norte para criar os ornamentos de ferro fundido que foram usados nas maçanetas e outras decorações.

No grande saguão, doze cadeiras foram posicionadas ao redor de uma grande mesa, cada uma estofada em couro de porco e bordada com o brasão de seu ocupante. Algumas pessoas alegam existir um significado oculto nesse número, citando o fato de que existiram doze discípulos e doze signos do zodíaco, mas é mais provável que corresponda aos doze departamentos da ss, uma cadeira para cada chefe de departamento. Ali, os doze oficiais sêniores supostamente realizavam visualizações meditativas guiadas com o objetivo de contatar os "Mestres Ocultos" nos planos interiores, para lhes trazer vitória e "sabedoria" oculta.

Mas a única testemunha do que acontecia nas reuniões secretas foi o SS-Brigadeführer Walter Schellenberg, o espião-mestre de Himmler, que mais tarde lembrou: "Cada membro... precisava se dedicar a um ritual de exercícios espirituais voltados principalmente à concentração mental."

Em uma ocasião, Schellenberg interrompeu um círculo psíquico de oficiais da ss que tentavam ler a mente de um suspeito (o general Von Fritsch) que estava detido em uma sala adjacente. Em suas memórias, Schellenberg escreveu:

> [Himmler havia] ordenado a eles que concentrassem suas mentes em exercer uma influência sugestiva sobre o general que iria induzi-lo a falar a verdade... ver aqueles doze líderes da ss sentados em círculo, todos mergulhados em profunda e silenciosa contemplação, foi realmente uma visão notável.

O saguão era decorado com os escudos heráldicos dos doze chefes da SS, embora poucos membros fossem de famílias nobres – Himmler incluído –, então a Ahnenerbe recebeu a tarefa de criar esses escudos.

Diretamente abaixo do Grande Saguão ficava a cripta circular conhecida como "o reino dos mortos", onde as cinzas dos companheiros perecidos eram colocadas sobre pedestais de granito ao redor de uma chama eterna. Mesmo se os corpos dos companheiros não fossem recuperados, seus escudos heráldicos eram cremados e depositados em uma urna de cerâmica. Ali também eram recolhidos os anéis de caveira dados a todos os oficiais da SS após três anos de serviço, um presente criado pelo homem que veio a ser conhecido como o "Rasputin de Himmler", Karl Maria Wiligut.

Ao final da guerra, estimou-se que havia 9 mil anéis guardados na torre, que Himmler havia enterrado em um local secreto no dia em que ordenou a destruição de sua Camelot. Apenas a torre norte permaneceu de pé.

RELÍQUIAS E NEOPAGANISMO

Rumores de que Himmler, conhecido por não suportar imagens fortes, realizou sessões espíritas privadas com as cabeças dos soldados mortos da SS apenas revelam o quanto o interesse em astrologia, arqueologia ariana e relíquias sagradas do Reichsführer capturou a imaginação fértil de alguns observadores.

Dito isso, Himmler uma vez ordenou que seus homens copulassem em cemitérios onde heróis alemães estavam enterrados, na crença de que seus espíritos seriam atraídos para reencarnarem nos ventres de suas parceiras escolhidas.

Wewelsburg foi o cenário dos casamentos da SS que assumiram um caráter neopagão que combinava com a intenção de Himmler de substituir o cristianismo com o culto ao nacional-socialismo. O Reichsführer fazia questão de estar presente nessas ocasiões para que pudesse dar sua "benção" ao casal. Himmler também tentou substituir a Páscoa e o Natal no calendário nazista ao encorajar a celebração dos solstícios de verão e inverno com procissões iluminadas à vela e cerimônias neopagãs de adoração da natureza em Wewelsburg e outros centros da SS.

Cada sala em Wewelsburg foi batizada com o nome de um rei ou herói ariano e mobiliada com armaduras, mobília antiga e armas do período, algumas das quais pertencentes ao rei em questão. Esses itens foram adquiridos na crença de que as relíquias possuíam um poder inerente que poderia ser transferido aos ocupantes atuais. Pela mesma razão, artefatos sagrados eram buscados em longínquos locais por arqueólogos e especialistas a serviço da Ahnenerbe.

Entre as relíquias mais procuradas estavam o Santo Graal (o cálice que Jesus usou na última ceia e que recebeu seu sangue na crucificação) e a lendária Lança do Destino (que teria sido usada para acabar com o sofrimento de Jesus na cruz).

O fato de serem artefatos sagrados dos cristãos não perturbava Himmler, que fora persuadido de que Jesus não fora nem judeu e nem cristão, mas um deus ariano, após digerir os escritos dos "místicos" völkisch Lanz von Liebenfels e Guido von List. Esse revisionismo ilusório formou a precária fundação na qual os nazistas baseavam seu conflito com a Igreja, apesar do fato de que Hitler, Himmler e Goebbels eram católicos.

Havia artefatos antigos também no castelo, incluindo um capacete etrusco de bronze e várias lanças que foram recuperadas por arqueólogos arianos, mas nem toda a arte possuía origens históricas. Himmler encomendou vários retratos que celebravam seu status como líder da SS, além de murais de Hans Lohbeck e esculturas de Anton Grauel, que incluíam uma figura que Himmler havia encontrado em uma revista. Ele não conseguia deixar de interferir, até mesmo em assuntos artísticos, e instruiu Grauel a alterar as feições para combinar com sua imagem do ideal nórdico mítico.

NO RASTRO DAS ARTES

A imagem de Himmler como um burocrata consciente de seus gastos apenas se aplicava a suas despesas pessoais. Como Reichsführer ele possuía fundos consideráveis ao seu dispor e os gastava livremente, mas apenas após ficar satisfeito com a relação custo-benefício obtida pelo Reich. Para isso, ele empregou o SS-Sturmbannführer Wilhelm Vahrenkamp de agosto de 1942 em diante. A tarefa de Vahrenkamp era vasculhar coleções particulares, galerias e museus em busca de pinturas e outros artefatos que dessem a impressão de que o Reichsführer era um homem culto e refinado. Himmler podia ordenar o confisco de qualquer pintura que chamasse sua atenção, mas ele queria ser visto como um leal servo do Estado pagando o preço de mercado. Por mais louvável que isso possa parecer, ele frequentemente o fazia usando dinheiro de um fundo conhecido como Sonderkonto R e sua conta subsidiária Freundeskreis ("negócios econômicos" controlados pela SS), onde eram depositados os lucros dos campos de concentração, incluindo dinheiro da venda de dentes de ouro arrancados das bocas das vítimas das câmaras de gás.

> HIMMLER PAGAVA AS PINTURAS COM O LUCRO DOS CAMPOS DE CONCENTRAÇÃO, INCLUINDO DINHEIRO DA VENDA DE DENTES DE OURO.

Himmler também possuía um trem particular à sua disposição, uma grande fazenda em Gmund, vários centros de operações temporários, um quartel-general palaciano em Berlim e ao menos duas ricas residências privadas – uma em Dahlem para sua esposa e filhos e outra em Obersalzberg para sua amante e os dois filhos que teve com ela. Tudo muito bem mobiliado pelas facilidades que vinham com o poder no Reich de Hitler.

Desconfiado por natureza, Himmler temia que os especialistas em arte pudessem tirar proveito de seus fundos ilimitados e sua ignorância do mundo da arte e ficassem tentados a cobrar preços exorbitantes por obras medíocres. Portanto, Vahrenkamp não estava autorizado a gastar um centavo sem a permissão de seu empregador.

Potenciais compras primeiro eram discutidas com um ou mais especialistas que Himmler mantinha a postos e em cuja opinião ele confiava: homens como o professor Diebitsch, Hans Posse e o pintor Wilhelm Peterson. Vahrenkamp sabia identificar uma obra-prima quando via uma, mas ele recebia uma comissão, e Himmler nunca subestimava a tentação de seus representantes de levarem um dinheiro extra para si mesmos se conseguissem inflar os preços. Talvez ele também soubesse que Göring possuía a nada invejável reputação entre os negociantes de arte de não saber avaliar as obras. Em mais de uma ocasião, o Gordo fora ludibriado a trocar um inestimável impressionista de sua coleção por outro com valor de mercado muito menor. Em 1942, o negociante holandês e habilidoso falsificador Han van Meegeren persuadiu Göring a trocar 150 valiosas pinturas por um único quadro supostamente de Vermeer. Depois descobriu-se que era uma falsificação.

Himmler visitou a galeria nacional em Munique em diversas ocasiões e comprou obras atraentes, mas ele também fazia questão de se exibir comprando retratos edificantes de Hitler e obras de artistas preferidos de Hitler, como Arno Breker.

Como relata Jonathan Petropoulos em seu livro *Arte como política no Terceiro Reich*, havia um elemento ritualístico quando Himmler dava ou recebia presentes. Seus presentes eram direcionados a duas categorias principais: aqueles na liderança nazista e aqueles dentro da SS.

"Nos dois casos, Himmler buscava definir a relação presenteando com obras de arte."

No primeiro caso, esses presentes seriam caros ou de natureza pessoal, enquanto no segundo caso, objetos culturais com significância simbólica como candelabros e porcelanas eram dados para marcar ocasiões especiais na vida do presenteado, para cimentar a ligação de irmandade entre a liderança da SS e seus subordinados.

REINHARD HEYDRICH (7 DE MARÇO DE 1904 - 4 DE JUNHO DE 1942)

TEMOR DE ASCENDÊNCIA JUDAICA

O funeral de Reinhard Heydrich, o "carrasco de Hitler", que fora mortalmente ferido em Praga por patriotas tchecos em 27 de maio de 1942, foi conduzido com a solenidade cabível a um "herói" nazista martirizado. Mas nos bastidores, a liderança nazista respirava aliviada, pois sabia que Heydrich havia juntado arquivos secretos sobre todos eles – até mesmo sobre o Führer – e com sua morte aquelas informações nunca seriam usadas contra eles.

Heydrich também vivera com um segredo durante sua breve e

odiosa vida. O sádico capanga de Himmler personificava o arquétipo do homem ariano. Com um metro e oitenta e três, magro e no auge da condição física, ele era um campeão internacional de esgrima e piloto. De fato, ele poderia ser descrito como um Siegfried do século XX. Mas ele vivia torturado pela crença de que era parte judeu, que sua ascendência seria descoberta e que ele seria dispensado em desonra e humilhado publicamente. Já foi sugerido que a existência da avó judia de Heydrich não passava de um rumor malicioso espalhado por um descontente ex-aluno de seu pai, um professor de música. Mas verdadeira ou não, a acusação assombrou Heydrich e certamente contribuiu para seu anormal zelo ao perseguir aqueles que culpava por "contaminarem" seu sangue.

Em 1930, sua indiferente arrogância e falta de escrúpulos o levou a escolher a dispensa da Marinha em vez de se casar com uma garota que ele havia engravidado. Pouco tempo depois ele se casou com sua noiva, Lina von Osten, uma nazista fanática que evidentemente havia perdoado sua "infeliz indiscrição" e o incentivou a entrar para a SS.

O desprezo de Heydrich pela verdade o fez mentir quando foi entrevistado para o posto de assistente de Himmler. Ele disse ao Reichsführer que havia trabalhado como oficial na inteligência da Marinha, e quando foi pedido que fizesse uma proposta para um novo serviço secreto (o SD), Heydrich usou sua familiaridade com romances de detetives e propôs um plano que impressionou o crédulo Himmler.

Mesmo assim, a rede de informantes e vigilância eletrônica que Heydrich organizou se provou crucial em descobrir cidadãos e oficiais suspeitos de deslealdade com o partido, além de juntar informações incriminadoras e fabricar evidências que seriam usadas para descreditar oficiais sêniores do Exército que expressaram oposição aos planos de guerra de Hitler. Em 1934, os informantes de Heydrich forneceram a base para alegações contra a SA, a quem ouviram planejando um golpe para derrubar Hitler. Himmler sentiu gratidão e respondeu promovendo Heydrich a chefe da Gestapo e da SD. Três anos mais tarde, Werner von Blomberg e Werner von Fritsch foram pressionados a renunciarem suas comissões após informação inventada por Heydrich ser usada contra eles.

Tanto Himmler quanto Hitler estavam cientes das questões relacionadas à ascendência de Heydrich e eles o asseguraram de que estavam satisfeitos de que os rumores eram infundados, mas Hitler mais tarde disse a Himmler que Heydrich poderia ser "extremamente útil, pois ele seria eternamente grato a nós por não o termos expulsado e então ele nos obedeceria cegamente".

A especulação sobre a ascendência judaica de Heydrich persistiu muito tempo depois de ter recebido a aprovação do Führer. Em uma ocasião, após uma bebedeira em Berlim com o almirante Canaris, Chefe da Inteligência Militar, ele insistiu que seu antigo superior o acompanhasse até sua casa para uma saideira. Quando entraram no apartamento, o bêbado Heydrich ficou momentaneamente surpreso ao encarar o próprio reflexo. Sacando seu revólver ele atirou no espelho, destruindo o vidro. Havia uma curva cruel em seu sorriso quando ele sussurrou aquilo que Canaris jurou terem sido as palavras "maldito judeu!".

DOSSIÊS SECRETOS

A decisão de Hitler de "perdoar" Heydrich pode ter sido influenciada por sua descoberta de que Heydrich possuía um dossiê detalhando o tratamento do Führer contra sífilis e, ainda mais escandaloso, prova de que a Cruz de Ferro fora dada a ele retroativamente, muito tempo depois da guerra ter terminado. É improvável que alguma dessas alegações seja verdade, mas só os rumores da existência desses documentos já seriam suficientes para prejudicar a imagem do ditador.

Especulava-se que Heydrich também possuía grossos arquivos sobre Bormann e Himmler, que supostamente estaria implicado em negócios com judeus, um fato que prejudicaria a autoridade do Reichsführer e lhe custaria sua posição se isso se tornasse público.

Era de conhecimento geral que Heydrich não ficaria satisfeito em bancar o ajudante de Himmler por muito mais tempo e que ele estaria apenas esperando o melhor momento para atacar. Enquanto isso, ele juntou uma fortuna particular usando extorsão e chantagem, ameaçando usar as páginas do Das Schwarze Korps, o jornal oficial da SS do qual ele era dono junto com Himmler, para revelar nomes dos estabelecimentos que haviam se recusado a nomear um diretor nazista ou indivíduos que haviam se negado a contribuir financeiramente com o partido.

No verão de 1941, Heydrich havia subido até o topo do chiqueiro e estava recebendo crédito tanto por seu papel em organizar a "Solução Final" quanto por estabelecer a rede de mensagens codificadas transmitidas por um sistema de máquinas Enigma interligadas. Isso ajudou a garantir as primeiras vitórias da máquina de guerra alemã no ano anterior. Sua recompensa foi seu posto final como Protetor do Reich da Boêmia-Morávia, com o Castelo Hradcany na capital tcheca como sua residência oficial e uma mansão na vila de Paneské Brezany onde ele morava em esplendor com sua esposa e três filhos.

Ironicamente, não foi a granada lançada sobre seu carro aberto em Praga que o matou, mas as fibras do estofado. Heydrich, o "Carniceiro de Praga", morreu da maneira que sempre temeu: de sangue contaminado.

HANS FRANK, GOVERNADOR-GERAL DA POLÔNIA (23 DE MAIO DE 1900 – 16 DE OUTUBRO DE 1946)

INVESTIGAÇÃO SOBRE AS ORIGENS DE HITLER

Hans Frank era o assessor jurídico pessoal de Hitler e um de seus tenentes mais confiáveis. Por causa disso, ele recebeu o poder de vida e morte sobre a população polonesa após a conquista da Polônia em setembro de 1939.

Frank se juntou ao Deutsche Arbeiterpartei (DAP) ou Partido dos

Trabalhadores Alemães (o precursor do NSDAP) em 1919, um ano antes de Hitler se tornar membro "daquela pequena organização absurda", e sendo um Camisa Parda ele participou do Putsch da Cervejaria, o que o transformou em um membro da "velha guarda" sob os olhos de Hitler.

Ele foi eleito para o Reichstag em 1930 e três anos mais tarde foi nomeado Ministro da Justiça da Bavária, um posto que o fez sentir obrigado a protestar contra os assassinatos de seus ex-companheiros da SA durante a Noite das Facas Longas em junho de 1934 e de prisioneiros em Dachau. Hitler respondeu com sua característica presunção, argumentando que ele era a única lei durante a "crise" e, portanto, as mortes não foram ilegais.

Frank evidentemente não insistiu no assunto, pois logo depois ele foi incumbido de uma delicada e potencialmente polêmica investigação sobre a ascendência de Hitler.

Hitler disse que seus inimigos "não podem nunca descobrir quem eu sou. Não podem saber de onde venho, ou as origens de minha família". Ele temia que, se rumores de que possuía sangue judeu fossem provados como verdadeiros, isso prejudicaria irreparavelmente sua posição no partido e daria a seus inimigos a munição que precisavam para destruí-lo.

As investigações subsequentes de Frank o levaram a concluir que era provável que o pai de Hitler fosse metade judeu. A avó paterna de Hitler, Maria Anna Schicklgruber, havia trabalhado como cozinheira de uma família judia que pagara a ela uma quantia após ela dar à luz um filho ilegítimo, a conclusão sendo que o pai era o filho de dezenove anos de seu patrão. Frank descobriu que o dinheiro fora pago regularmente até a criança, o pai de Hitler, fazer quatorze anos e que fora pago para evitar um escândalo. Maria Anna eventualmente se casou com seu primo de segundo grau, Johann Hiedler, quando o garoto tinha cinco anos e, portanto, cresceu com o nome de Alois Hiedler, que mais tarde foi modificado para Hitler para que se qualificasse a uma parte da herança herdada por um tio.

ASSASSINO EM MASSA

Frank foi um homem de contradições peculiares. Seus protestos contra os assassinatos em Dachau e de Röhm e seus companheiros da SA não foram feitos por compaixão, mas por preocupação pela legitimidade do sistema legal. Ele queria combater as acusações de que o regime estava usando as cortes para sancionar seu trabalho sujo.

Em outubro de 1939, após a invasão da Polônia, Hitler nomeou Frank como governador geral, conferindo a ele o título de SS-Obergruppenführer, e nesse momento começou o tratamento bárbaro de Frank contra a população civil. Enquanto os russos massacravam oficiais poloneses aos milhares em Katyn, seus aliados alemães prendiam a elite intelectual do país e escravizavam não judeus em campos de trabalho forçado. Enquanto isso, os judeus poloneses eram cercados como gado em guetos em preparação para o transporte aos campos de extermínio de Treblinka, Sobibór, Chelmno, Majdanek, Belzec e Birkenau. Meio milhão de pessoas foram assassinadas apenas em Belzec em um único ano.

Frank não poderia alegar ignorância sobre o destino dessas pessoas, tendo declarado sua intenção de aniquilar os judeus em um discurso para oficiais nazistas em dezembro de 1941.

"Precisamos aniquilar os judeus onde quer que sejam encontrados e sempre que possível."

Ele também se gabou de que não haviam árvores suficientes na Polônia ocupada para fornecer o papel necessário para listar os civis que seriam executados. Frank foi então acusado pelo assassinato de 1 milhão de não judeus poloneses e de ordenar o extermínio de 3 milhões de judeus poloneses, a quem ele havia transportado para os seis campos de concentração sob sua jurisdição.

APÓS A INVASÃO DA POLÔNIA, COMEÇOU O TRATAMENTO BÁRBARO DE FRANK CONTRA A POPULAÇÃO CIVIL.

ROUBO EM GRANDE ESCALA

Mas embora o papel de Frank no assassinato dessas pessoas seja bem documentado, seus crimes menores de roubo em grande escala são menos conhecidos. Após a queda da Polônia, ele se mudou para o palácio real do Castelo de Wawel em Cracóvia com sua esposa Brigitte e seus quatro filhos. Apesar de estar cercado de obras de arte pilhadas, que incluíam obras separadas para Göring, Frank não ficou satisfeito com o prêmio do segundo lugar. Ele exigiu escolher entre os tesouros poloneses, incluindo as nove telas de Canaletto que tomaram o espaço de dois salões palacianos quando Frank os retirou da parede na preparação para sua fuga em 1945. Ele também se apropriou da pintura Dama com arminho, de Leonardo da Vinci, do Retrato de um jovem, de Rafael, e de Breaking Storm, de Rembrandt, todos provavelmente reservados para Hitler e Göring.

Em comum com outros líderes nazistas, Frank possuía pouco conhecimento e interesse em arte e, portanto, recrutou um especialista para aconselhar as aquisições de obras que dariam a impressão de que ele era um homem culto e de bom gosto. Ele teve sorte ao recrutar o oficial da SS Kajetan Mühlmann, um historiador de arte austríaco que teria um papel importante no roubo de obras de arte praticado pelos nazistas.

Mühlmann fora autorizado por Göring a confiscar, empacotar e enviar qualquer coisa de valor para a Alemanha, já que a Polônia já não era mais considerada digna de possuir inestimáveis obras de arte. Frank mostrou seu desprezo pela cultura polonesa no dia em que se mudou para o palácio ao arrancar as águias prateadas do trono dos reis poloneses. Ele também considerou as riquezas da nobreza polonesa como sendo sua propriedade pessoal, incluindo armaduras, moedas, porcelana, tapeçarias, manuscritos e antiguidades.

A arrogância de Frank não conhecia limites. Ele achava que estava acima da lei – até mesmo da lei de Hitler – e pensava que podia fraudar seu "chefe" comprando tapeçarias e joias em troca de nada dos judeus sob pressão e não declarar esses gastos. Enquanto seus "súditos" morriam de fome, os autoproclamados "Rei e Rainha da Polônia" jantavam iguarias importadas ilegalmente da Alemanha. Restrições de guerra aparentemente não se aplicavam a eles.

Mühlmann mais tarde declarou que havia vendido fotos valiosas ao governador-geral para sua coleção privada em sua casa em Munique e que esses itens foram comprados usando quantias retiradas de um "grande fundo discricionário" que fora reservado para a aquisição de pinturas para o Reich. Além disso, Frank havia se apropriado indevidamente de grandes quantias do orçamento da administração. Ele comprou ao menos cem pinturas usando dinheiro de despesas oficiais, incluindo uma paisagem de Bruegel e obras de outros mestres holandeses renascentistas.

Suas aquisições não oficiais eventualmente chamaram a atenção de Himmler, que ordenou que a SS vigiasse Frank na esperança de juntar evidências contra ele, mas quando o relato de Himmler chegou a Hitler, o Führer o dispensou imediatamente. Frank era eficiente demais para ser descartado. Era melhor ter certeza de levar uma parte daquilo que Frank se apropriava do que levar tudo que um ladrão menor pudesse roubar.

Mas no verão de 1943, Frank foi forçado a compartilhar poder com Himmler, que fora nomeado Ministro do Interior da Polônia, e Mühlmann se recusou a fornecer qualquer outra pintura da reserva separada para Göring – especificamente a pequena garota polonesa, de Watteau, que havia capturado o coração obscuro de Frank.

Apesar de Frank logo encontrar um par de agentes mais cooperativos – o dr. Werner Kudlich e Ernst de Palezieux –, seu poder já estava declinando. Himmler estava afirmando sua autoridade sobre Frank, a quem ele considerava como nada mais do que seu administrador político.

Frank revelou outro lado de sua peculiar personalidade quando foi capturado e julgado em Nuremberg. Suando muito, ele culpou Hitler por seu destino e encontrou refúgio na religião, agradecendo a Deus por tê-lo trazido diante da "corte do mundo". Esfregando as mãos, ele tentou se apresentar como uma vítima, como "um homem sem poder e isolado que não possuía influência sobre os eventos". Ele também alegou que estava sempre em conflito com o representante de Himmler, SS-Obergruppenführer Krüger, que era teoricamente subordinado ao governador geral, mas que na prática exercia frequentemente sua autoridade para irritá-lo. Frank, por sua vez, iniciou atos cada vez mais brutais de opressão em uma tentativa fútil de provar que era digno da confiança de Hitler. Em uma ocasião, ele ordenou que um trabalhador escravo judeu fosse espancado por ter usado seu chuveiro pessoal. Os braços e pernas do homem foram quebrados para que ele pudesse ser colocado dentro do porta-malas de um carro pequeno, para então ser levado até um local afastado na floresta onde foi morto com um tiro.

No banco dos réus em Nuremberg, ele fingiu remorso e fez um patético pedido de desculpas pelos anos de brutalidade que infligiu ao povo polonês.

"Mil anos passarão", ele disse à corte, "e mesmo assim essa culpa da Alemanha não será apagada."

Ele recuou dessa afirmação logo depois e seguiu para a forca com um sorriso no canto da boca.

A MISSÃO DE NIKLAS FRANK

Niklas Frank, com seus setenta e oito anos, carrega um macabro suvenir consigo quando visita escolas alemãs para falar com os alunos sobre os crimes do Terceiro Reich. É uma fotografia do cadáver de seu pai tirada logo após ele ser enforcado em Nuremberg em outubro de 1946 por ter cometido crimes de guerra. Niklas não se ilude sobre a participação de seu pai no assassinato em massa dos judeus poloneses durante a ocupação nazista e uma vez se referiu a ele como "um maldito fanático por Hitler".

Frank não pensou duas vezes ao levar seu filho Niklas, então com cinco anos, para uma visita em um dos campos de concentração, onde permitiu que fosse testemunha da humilhação dos prisioneiros. Depois disso, ele tomou um chocolate quente com o garoto. Embora Niklas se lembre de testemunhar a provocação sobre os prisioneiros do campo de concentração e a cruel risada de seu pai, as imagens que ainda lhe dão pesadelos são daqueles corpos macilentos empilhados no chão, que mais tarde ele viu nos jornais alemães do pós-guerra.

"Alguns deles eram crianças da minha idade", ele se lembra. "Debaixo deles havia a palavra Polônia. Eu me senti enojado. Sempre pensei que a Polônia era nossa. A propriedade privada da família Frank."

Niklas carrega a foto de seu pai morto não apenas para mostrar à sua jovem plateia o que acontece com aqueles que seguem cegamente um fanático, mas também como uma lembrança de que o homem que assombra seus sonhos realmente morreu e não pode mais machucá-lo.

"Eu o detesto. Ele amava Hitler mais do que amava sua própria família."

Niklas está convencido de que a devoção de seu pai a Hitler foi mais do que mera lealdade equivocada. Ele suspeita que Frank era um homossexual passivo e estava apaixonado por Hitler.

"Tenho cartas que ele recebeu de dois professores em Munique que são mais do que amigáveis... Eu adoraria que ele pudesse ter vivido seus desejos. Talvez assim ele não tivesse se tornado um assassino em massa."

OS GENERAIS JUDEUS DE HITLER

Alemães de ascendência racial mestiça eram caracterizados como *Mischlinge* (de raça híbrida) e considerados não melhores do que judeus ou aqueles de linhagem não branca. Então parece inconcebível que mais de 150 mil homens de origem judaica, incluindo centenas que os nazistas chamavam de "judeus completos", faziam parte das Forças Armadas de Hitler.

Apenas na Wehrmacht havia dois marechais de campo, vinte e três coronéis e quinze generais de ascendência judaica, incluindo Wilhelm Keitel e Erich Raeder. Alguns até burlaram os estritos requisitos raciais exigidos por Himmler e se juntaram à SS, que pedia que os candidatos provassem sua ascendência ariana até o ano de 1750. A maioria desses homens não sabia de sua ascendência até burocratas do Departamento de Pureza Racial informá-los que suas origens arianas estavam sendo investigadas.

Incrivelmente, Hitler sabia que muitos dos seus oficiais possuíam origens "questionáveis" e escolheu fazer vista grossa quanto a isso, aprovando suas promoções e comissões e até mesmo rubricando a concessão a vinte oficiais judeus da Cruz de Cavaleiro, a mais alta condecoração por bravura que o Terceiro Reich podia conceder aos seus soldados.

No caso particular de um marechal de campo, Erhard Milch, cujo pai era judeu, Göring falsificou de propósito seu arquivo dando o nome do tio maternal de Milch como se fosse o de seu pai, depois de obter uma declaração assinada de Clara Milch afirmando isso. Foi apenas uma das muitas vezes em que Göring disse a sua famosa máxima: "Eu decido quem é judeu e quem não é!". Entretanto, suas origens não salvaram Milch de passar dez anos na prisão por crimes de guerra em Nuremberg.

Os registros pessoais do Exército alemão documentam setenta e sete casos de oficiais de alta patente que haviam recebido o documento de Hitler declarando que possuíam "sangue alemão", apesar de terem linhagem judaica ou de serem casados com uma mulher judia. Um ex-estudande de história de Cambridge, Bryan Rigg, autor de *Hitler's Jewish Soldiers*, afirma ser capaz de acrescentar outros sessenta nomes do Exército, Marinha e Luftwaffe a essa lista, depois de ter vasculhado arquivos pessoais do Exército alemão e entrevistado membros sobreviventes das famílias desses oficiais.

Entre os entrevistados estava o antigo chanceler da Alemanha Ocidental Helmut Schmidt, que fora tenente na Luftwaffe apesar de seu avô ser judeu, fato que ele só descobriu quando estava sendo considerado para uma promoção na Juventude Hitlerista.

Entre os homens que Rigg localizou estava um veterano da Wehrmacht que viajou para o campo de concentração de Sachsenhausen em 1942, onde seu pai judeu estava sendo mantido. Foi somente ao ver a Cruz de Ferro que um oficial da SS permitiu que ele visitasse o velho homem, sob o alerta: "Se você não tivesse essa medalha, eu mandaria você para junto de seu pai."

As infames Leis de Nuremberg de 1935 decretavam que qualquer pessoa com ao menos três avós judeus era considerada um judeu aos olhos do Estado e, portanto, era proibida de servir nas Forças Armadas. Além disso, havia duas categorias de *Mischlinge* – aqueles com um e aqueles com dois avós judeus. As duas categorias eram despojadas da cidadania alemã, seus direitos sob a lei alemã eram anulados e eram considerados "subjugados ao Estado".

Em 1940, os homens servindo nas Forças Armadas que possuíam dois avós judeus foram dispensados, enquanto aqueles com apenas um receberam permissão de continuar desde que fossem homens alistados e não oficiais. A ordem de expulsão foi declarada mais três vezes durante a guerra à medida que as Forças Armadas caçavam aqueles que possuíam graus variados de sangue judeu, mas a cada vez Hitler acabava reintegrando-os, já que eram úteis para ele. Entretanto, em 1944 mesmo aqueles cuja presença fora "tolerada" estavam sendo dispensados ou realocados para postos não estratégicos.

Alguns dos homens não consideravam a si mesmos tendo origens judaicas porque seus ancestrais eram muito remotos. Outros entravam em negação, tendo sido condicionados a enxergar os judeus como *Untermenschen* (sub-humanos), enquanto alguns poucos eram judeus praticantes e viviam em constante medo de serem denunciados.

Uma boa parte esperava que, ao servir nas Forças Armadas,

conquistaria o respeito de seus camaradas e seu país. Ilse Korner, viúva do tenente Hans Joachim Korner, lembrou que seu marido "queria se distinguir através da bravura e disposição de lutar como um soldado e, portanto, escapar da perseguição dos nazistas".

Nem todos possuíam orgulho de sua herança. Heinz Löwen denunciou sua própria mãe para a Gestapo, falsamente alegando que ela fora uma prostituta para que as origens de seu pai não pudessem ser provadas e, na pior das hipóteses, que ele fosse considerado apenas meio judeu.

Após obter o certificado necessário da *deutschblütig* (sangue alemão), ele então ingressou na Waffen-SS e acabou morto na frente russa.

Talvez a história mais incrível seja a de um judeu alemão veterano da Primeira Guerra Mundial, o tenente-coronel dr. Ernst Bloch, que fora recrutado pelo Almirante Canaris em 1935 e destacado para a Abwehr (a Inteligência Militar Alemã).

Bloch recebera o documento salva-vidas da Genehmigung assinado por Hitler, declarando que ele possuía "sangue alemão", mas com o costumeiro porém: "Eu, Adolf Hitler, líder da nação alemã, atesto que o Major Ernst Bloch possui sangue alemão. Entretanto, após a guerra, Ernst Bloch será reavaliado para constatar que ainda é digno de tal título."

Em 1939, após a invasão da Polônia, Bloch foi destacado para uma missão secreta que levou a um dos episódios mais bizarros da guerra. A Abwehr foi instruída a resgatar de Varsóvia um rabino ultraortodoxo chamado Menachem Mendel Schneerson, depois que o Secretário de Estado americano pediu ao Cônsul-Geral em Berlim que o salvasse a qualquer preço. O pedido extraordinário foi repassado a Canaris, que concordou em enviar o Major Bloch para Varsóvia para localizar o rabino e trazê-lo de volta através da Letônia, onde embarcaria em um navio para a América. Bloch e seu pequeno destacamento de soldados encontraram muitas dificuldades, uma delas a de localizar o rabino que ficou extremamente hesitante, para dizer o mínimo, em confiar sua vida a soldados alemães. Mas após convencer o rabino de que eles eram sua única esperança de uma passagem segura através das linhas alemãs, eles conseguiram tirá-lo do país e embarcá-lo em um navio rumo ao Estados Unidos.

Bloch então foi promovido a tenente coronel e condecorado com a Cruz de Ferro, mas, em setembro de 1944, Himmler ficou sabendo de suas origens judaicas e exigiu sua dispensa.

O garoto-propaganda de Hitler

Os nazistas produziram alguns dos cartazes de propaganda mais memoráveis do período, mas um cartaz que eles gostariam de esquecer foi um que mostrava o soldado alemão ideal. Acontece que o soldado cuja fotografia foi usada, o cabo Werner Goldberg, era parte judeu. O pai de Werner havia se convertido ao cristianismo para se casar com uma gentia, mas isso não o salvou de ser dispensado de seu posto no governo sob as odiosas leis raciais nazistas que proibiam judeus de serem empregados como servidores do Estado.

Werner, portanto, estava muito ciente de sua ascendência judaica, mas ele mesmo assim se alistou na Wehrmacht um ano antes da guerra e estava junto de seu regimento quando eles invadiram a Polônia em setembro de 1939.

Pouco tempo depois, sua fotografia apareceu no periódico Berliner Tageblatt sob a manchete "O soldado alemão ideal" e foi então usada em cartazes de recrutamento. Ele poderia ter subido nas fileiras se não fosse a diretiva de Hitler de abril de 1940, que exigia que todos os *Mischlinge* de primeiro grau (aqueles com dois avós judeus) deveriam ser dispensados do exército. Werner voltou ao seu trabalho em uma fábrica de roupas, mas conseguiu salvar seu pai da deportação por duas vezes, uma vez retirando-o de um hospital vigiado bem debaixo do nariz dos guardas e na segunda, persuadindo-o a simplesmente ignorar a convocação da Gestapo.

Capítulo Três

O GRANDE ENGANADOR

"[Hitler] era a encarnação da mediocridade... a projeção de um fracasso individual para toda uma nação."

Joachim Fest

Em 1º de fevereiro de 1933, em seu primeiro dia no cargo, Hitler fez à nação a primeira das muitas promessas que não tinha a intenção de manter. Afirmou que o regime "protegeria o cristianismo" e "salvaguardaria a família", embora seus subordinados já estivessem planejando minar a autoridade da Igreja ao apoiar falsas acusações de corrupção contra o clero. Os nazistas pretendiam substituir o cristianismo por um culto neopagão de ideologia nacional-socialista. Eles defendiam um credo que era a própria antítese da compaixão e do perdão cristãos, fundamentado na crença de que Adolf Hitler era o Messias aguardado pela Alemanha e que o seu iníquo livro *Mein Kampf* deveria substituir a Bíblia. Quanto à família, os nazistas também lesaram essa instituição que prometeram salvaguardar. A Frente Alemã para o Trabalho exigia que os homens vivessem vidas separadas longe de casa, o que acabava por exercer uma enorme pressão nas famílias e resultava em dificuldades para as esposas e mães, que eram deixadas à própria sorte. A doutrinação nazista também incentivava crianças a relatar informações sobre seus pais e professores; empregados, a espionar uns aos outros; e vizinhos a se voltarem contra vizinhos, já que todos os cidadãos eram obrigados a reportar declarações ou comentários antipatrióticos que pudessem ser interpretados como críticos ao regime.

O casamento e a vida familiar foram ainda mais prejudicados pela implementação do programa nazista Lebensborn, que promovia e facilitava o sexo sem amor entre membros da SS e parceiras consideradas adequadas. Estas eram mulheres jovens previamente selecionadas por suas características raciais, persuadidas a acreditar em seu dever de gerar os futuros soldados do Reich.

UM NOVO ESPÍRITO DE ESPERANÇA

Frau Krüger havia acreditado. Embora não fosse uma nazista fervorosa, recebera bem o anúncio da ascensão de Hitler ao poder na noite de 30 de janeiro de 1933, na crença de que significaria o fim da instabilidade política e da incerteza econômica que pairavam como uma nuvem escura sobre o país pelos últimos quatro anos.

Naquela noite, ela ouvia o rádio com seu marido e seus dois filhos adolescentes na sala de estar de sua modesta casa geminada no subúrbio berlinense de Eichkamp, enquanto o locutor descrevia as cenas que se desenrolavam diante da Chancelaria. Com a voz embargada pela emoção, ele conjurou imagens da procissão de tochas e das multidões cada vez maiores que estavam esperando o Führer aparecer na sacada e se dirigir a eles. O locutor também falou sobre o despertar de um novo espírito na Alemanha, um espírito de esperança e de propósito compartilhado.

Nos dias subsequentes, tanto vizinhos como estranhos se cumprimentavam cordialmente e concordavam que tudo seria diferente e melhor dali em diante. Os homens falavam da restauração do orgulho nacional, da Alemanha ganhando sua voz em assuntos internacionais e de um retorno ao pleno emprego. As mulheres ansiavam por verem mais do que prateleiras vazias nas lojas e poder percorrer as ruas com segurança, sem o medo de testemunhar brigas violentas entre os camisas-pardas e os bolcheviques.

QUASE TODAS AS CASAS HASTEARAM A BANDEIRA DA SUÁSTICA. "DE REPENTE, TODOS ERAM ALGUÉM NA VIDA [...] GENTE DE UM NÍVEL MAIS ELEVADO: ERAM ALEMÃES"

Quase todas as casas em Eichkamp hastearam a bandeira da suástica. Até mesmo as crianças penduravam um pingente nazista vermelho, branco e preto em suas bicicletas. *Frau* Krüger comprou um desses de um vendedor de rua judeu para seu filho Horst, não porque queria demonstrar seu apoio ao novo governo, mas simplesmente porque não desejava que seu filho fosse o único de fora.

"De repente todos eram alguém na vida", Horst mais tarde se lembrou, "parte de uma classe melhor de pessoas, gente de um nível mais elevado: eram alemães."

Havia inúmeros desfiles para comemorar o novo governo, e pronunciamentos quase diários detalhando um extenso programa de obras públicas que recolocaria cada homem fisicamente apto em um emprego remunerado. Os homens da Frente Alemã para o Trabalho marchavam pelas ruas com pás sobre os ombros, em uma exibição notável do otimismo que galvanizava a nação. O país seria interligado por uma rede de grandes autoestradas – as *autobahns* –, que tornariam a distribuição de mercadorias mais rápida e mais eficiente em termos econômicos. A cultura alemã seria exibida em um ambiente apropriado, com a construção de novos museus, galerias de arte, teatros e salas de concerto. As moradias precárias e os cortiços seriam demolidos e substituídos por habitações comunitárias, e novas e substanciais instalações esportivas seriam construídas para incentivar a boa forma física e a competitividade. A qualidade de vida iria melhorar para todos os cidadãos da nova Alemanha. Haveria exceções é claro, para os criminosos, os falsários,[10] os opositores políticos e os "indesejáveis".

O povo de bem de Eichkamp sabia quem eram os indesejáveis, mas não se atreveria a questionar a vontade do Führer. Ele sabia o que era melhor para a nação e faria o que era certo. O Führer começaria a controlar os elementos mais radicais do partido e a diminuir a força da retórica antissemita depois que seus companheiros tomassem as respectivas cadeiras no Reichstag. O presidente Von Hindenburg não teria oferecido a chancelaria a Herr Hitler se primeiro não tivesse obtido garantias de que a SA seria subjugada e posta de joelhos.

Apesar disso, a SA se manteve como um elemento desafiador e incontrolável dentro do partido e, com uma força paramilitar substancial, apresentava uma séria ameaça aos planos de Hitler de trazer as Forças Armadas sob o seu comando. Somente após o assassinato de Röhm e de dezenas de líderes da SA, em junho de 1934, foi que a verdadeira natureza do regime assassino de Hitler se revelou; porém,

---

10 *Malingerer*, no original. Refere-se à prática consciente de falsear ou exagerar doenças para fins desonestos, como ludibriar o trabalho, ganhar um processo ou ser dispensado do serviço militar. (N. E.)

a essa altura, o sistema já era poderoso demais para ser derrubado por dentro.

Mesmo depois da eliminação de Röhm, os cidadãos comuns, tais como *Frau* Krüger, continuaram a depositar sua fé no Führer e a encontrar desculpas que justificassem o fracasso do líder em cumprir suas promessas.

"Temos de ser pacientes", ela dizia. "Nem mesmo o Führer seria capaz de operar milagres da noite para o dia."

Uma católica devota, ela enxergava Hitler da forma como a máquina de propaganda política o retratava: o filho dedicado que tinha cuidado da mãe doente em seus últimos dias; o artista empobrecido que tinha superado suas origens humildes para dedicar sua vida e suas consideráveis energias em prol do bem-estar de seu povo; e até mesmo da forma como o artista austríaco Hubert Lanzinger o definiu em 1935 – um cavaleiro de armadura reluzente que conduzia os filhos da Alemanha rumo à glória, enfrentando as hordas bárbaras do leste. Um homem assim não mentiria para seu povo.

Hitler não queria a guerra, ela disse para si, mesmo depois que seu filho foi recrutado pela Wehrmacht, as Forças Armadas da Alemanha durante o Terceiro Reich. Afinal, o Führer não os havia assegurado repetidas vezes, ao mesmo tempo em que engolia seus vizinhos, de que aquela seria sua última "anexação territorial na Europa"?

CHOQUE DE REALIDADE

Depois que a rede de autoestradas foi construída, porém, elas permaneceram estranhamente vazias e eram usadas apenas para o transporte de tropas e tanques de uma extremidade à outra do país. As moradias precárias continuaram onde estavam, mesmo muito tempo depois de os edifícios ministeriais terem sido ocupados e de os homens da Frente Alemã para o Trabalho já não cantarem mais a caminho do trabalho. Em vez disso, estes reclamavam de serem forçados a viver longe de suas famílias em acomodações espartanas, sendo mal pagos e alimentados com comida que muitos não teriam considerado melhores do que as rações na prisão.

Os homens que construíam as *autobahns* recebiam, em média, dois terços dos salários que tinham ganho por trabalho equivalente em fábricas ou em canteiros de obras depois que as "contribuições" compulsórias eram deduzidas; isto é, um valor significativamente menor do que o subsídio de desemprego.

Tais homens trabalhavam sob todo tipo de condições climáticas e depois voltavam para passar as horas tediosas de "lazer" em suas barracas sem aquecimento, pelas quais eram obrigados a pagar 15 centavos por dia, além de mais 35 centavos pelas parcas refeições.

As funcionárias mulheres, quer trabalhassem em escritórios, em lojas ou em fábricas, podiam esperar receber um terço a menos do que seus colegas homens, e, dessa quantia, cinco marcos eram deduzidos para a alimentação. Além disso, os custos de viagem reduziam significativamente o salário final, se o emprego implicasse percorrer uma distância considerável.

Mulheres que trabalhavam no setor privado estavam em condições ligeiramente melhores do que as recrutadas pelo Estado para trabalhar em subempregos de escritório nos vários ministérios ou em manufaturas. Se recrutadas para o trabalho, as operárias das fábricas se viam obrigadas a se apresentar para um turno de doze horas às 6h da manhã, o que as deixava sem tempo para cuidar dos afazeres domésticos ou ir às compras. As únicas mulheres isentas de serviço obrigatório eram as mães de crianças pequenas, pois considerava-se que estavam servindo a pátria de uma forma que o Führer aprovaria. No entanto, as mulheres mais velhas e as mães com crianças de idade suficiente para cuidarem de si mesmas deveriam se apresentar para o trabalho compulsório e ir para onde o governo lhes exigisse. Muitas sofriam de fadiga, situação que foi exacerbada pela falta de sono quando começaram os ataques aéreos dos Aliados.

AS MULHERES NO REICH

Hitler havia deixado claro que a revolução nacional-socialista seria um evento inteiramente masculino. Apesar disso, um grande número de mulheres votou no partido e acabou caindo aos pés do Führer. As que tinham o privilégio de presenteá-lo com um buquê de flores de boas-vindas eram posteriormente tratadas com excessiva reverência em sua cidade ou vilarejo, como se tivessem estado na presença de um santo.

Porém, fato é que as mulheres não eram nada bem tratadas pelo nacional-socialismo nos anos pré-guerra. Mulheres solteiras eram consideradas cidadãs de segunda classe ou *Staatsangehörigen* ("súditas do Estado") e recebiam o mesmo tratamento legal que os judeus ou os deficientes mentais. Apesar disso, eram bem-vindas para trabalhar como ativistas não remuneradas, e muitas o faziam, embora não tivessem nenhum tipo de voz ou de influência nas políticas do partido.

Hitler desaprovava que as mulheres desempenhassem papel ativo na política ou nas profissões, e por isso restringia o acesso delas à educação superior ao impor um limite de vagas para mulheres nas universidades. As instituições de ensino superior deveriam aceitar apenas uma aluna para cada dez homens e frequentemente destinavam ainda menos vagas para mulheres.

Os nazistas previam para o "sexo frágil" um papel que permanecesse confinado aos limites do lar, como expresso na máxima do partido, *Kinder, Küche und Kirche* ("Filhos, cozinha e igreja"). As mulheres eram encorajadas a se casar e a gerar filhos, pelos quais eram premiadas com medalhas como se fossem gado de exposição. Caso elas ou seus maridos não fossem capazes de ter filhos próprios, eram encorajados a adotar.

O Estado inclusive fornecia "órfãos" tomados à força de outros países (400 mil no total, metade proveniente apenas da Polônia) para serem criados por pais considerados fiéis ao partido e que não fizessem perguntas demais a respeito da origem de seus filhos adotivos.

Sua única obrigação era "germanizar" os filhos, que previamente haviam sido selecionados pela aparência ariana e por serem considerados jovens o bastante para aceitar o doutrinamento.

Muitas das crianças sequestradas eram transportadas em vagões de gado, nos quais centenas morriam de calor durante o verão, de hipotermia durante o inverno ou de sede e fome muito antes de chegarem ao destino. Este destino seria um "campo de educação infantil" onde as crianças eram submetidas a um exame médico invasivo para determinar seu "valor racial". Se fossem consideradas devidamente "nórdicas", recebiam então um novo nome alemão e uma certidão de nascimento falsa antes de serem encaminhadas a um centro de distribuição que se encarregaria de lhes encontrar um novo lar.

> O ESTADO FORNECIA "ÓRFÃOS" TOMADOS À FORÇA DE OUTROS PAÍSES PARA SEREM CRIADOS POR PAIS FIÉIS AO PARTIDO.

Em um esforço desastrado para explicar os sotaques poloneses e a falta de vocabulário alemão, as crianças da Polônia eram listadas como "crianças de ascendência alemã". As que resistiam eram transportadas para campos de concentração ou eram forçadas a trabalhar em regime de escravidão sob a tutela de seus mestres nazistas.

Muitas das crianças abduzidas cresciam sem memórias de seus pais verdadeiros e sem conhecimento de sua verdadeira identidade.

PARTIDO DOS TRABALHADORES?

É uma falácia dizer que os nazistas eram um movimento popular da classe trabalhadora. O maior número de votos a favor dos nacional-socialistas era obtido nas zonas rurais. Nas maiores cidades, a popularidade do partido se concentrava entre a classe média, donos de pequenos negócios, comerciantes, funcionários administrativos, professores e servidores públicos.

Foram a indústria e as grandes empresas que apoiaram o NSDAP e lucraram com o programa de rearmamento de Hitler. Ao longo do período entreguerras, os salários dos trabalhadores qualificados permaneceram baixos. Caíram de 79,2 centavos por hora em 1933, para 78,5 em 1937, e então subiram para 79,2 em 1939, o que efetivamente era uma diminuição, já que os preços tinham aumentado significativamente nesse período de seis anos. Os salários dos trabalhadores sem qualificação haviam aumentado para apenas 81 centavos a hora em 1943, uma década após a ascensão de Hitler ao poder, mas os preços haviam disparado. Nesse mesmo período, os lucros aumentaram de 6,6 bilhões de marcos em 1933 para 15 bilhões em 1938. Os fabricantes de munições e os produtores de matérias-primas anunciaram que seus lucros haviam triplicado. A fabricante de armas Flick vendeu armas e munições por um preço até 37% mais alto do que antes da Segunda Guerra Mundial, e estima-se que obteve um lucro de 8 milhões de marcos alugando uma fábrica de propriedade do regime por uma fração de seu verdadeiro preço de mercado.

Os trabalhadores sem qualificação haviam sido levados a acreditar que a liderança nazista melhoraria a situação geral para eles assim que tomasse o poder. No entanto, integrantes do partido tais como Gregor Strasser, que lutava pelos direitos dos trabalhadores contra a facção liderada por Hitler, haviam sido depostos ou silenciados muito antes de 1933.

Os nazistas promoviam a ideia de uma sociedade sem classes em que os trabalhadores sentariam à mesa com seus empregadores para partilharem uma refeição comunal, mas tais eventos foram apenas encenados para os noticiários. Na prática, os funcionários eram proibidos de participar das negociações salariais e não tinham influência nas condições de trabalho desde que Hitler abolira os sindicatos. Em vez disso, os trabalhadores eram representados pela Frente Alemã para o Trabalho (DAF), que havia adquirido os ativos dos sindicatos dissolvidos, tornando-se, assim, a única organização apta a negociar salários com os empregadores em nome dos empregados.

Durante os anos de Hitler no poder, as jornadas de trabalho aumentaram com a introdução das metas de produção. Os salários, por outro lado, decaíram. Apenas os donos de fábricas, os diretores de empresas e os investidores colhiam os frutos do rearmamento.

Os direitos dos trabalhadores foram severamente restringidos sob novas leis, tais como a Lei para a Organização do Trabalho Nacional (1934), que deu aos empregadores o direito de recusar o pedido dos funcionários de deixar os empregos. Sem os documentos necessários exigidos por todos os empregadores, os trabalhadores não podiam começar em um novo emprego. As greves foram proibidas e todos os empregados tiveram montantes deduzidos de seus salários para pagar as taxas de adesão obrigatória às organizações de "bem-estar" nazistas; taxas que invariavelmente acabavam nos bolsos dos oficiais do partido.

Os trabalhadores – em particular os não qualificados – haviam se tornado meros criados do Estado.

Se bem que até para os criados se concederia um pequeno período de folga.

FORÇA PELA ALEGRIA

Em novembro de 1933, a Frente Alemã para o Trabalho iniciou um programa de atividades organizadas sob a bandeira "Força pela alegria" ("Kraft durch Freude"), que oferecia incentivos à produtividade na figura de cruzeiros subsidiados pelo Estado, eventos culturais e férias nas zonas rurais da Alemanha. Milhões de pessoas aproveitavam o leque diversificado de atividades ofertadas; no entanto, essas pessoas, em geral, eram os trabalhadores altamente qualificados que tinham trabalhado duro para bater as metas de produção, os funcionários administrativos e os gerentes.

Poucas famílias da classe operária podiam se dar ao luxo de se aventurar além da sua aldeia, vilarejo ou cidade; no entanto, com o salário médio para um trabalhador semiqualificado da indústria fixado em 30 marcos por semana, até mesmo estes podiam bancar pequenas férias na região montanhosa do Harz, ou uma semana em um resort na costa do Mar do Norte. É desnecessário dizer que o regime não perdia a oportunidade de capitalizar em cima do fato de que tinham uma audiência cativa nesses resorts e a bordo dos navios de cruzeiro fretados. Assim, submetia os veranistas a ouvirem contínua propaganda política em alto-falantes que não podiam ser desligados e cujo volume não podia ser abaixado.

NOS CRUZEIROS, OS PASSAGEIROS ERAM SUBMETIDOS À PROPAGANDA POLÍTICA EM ALTO-FALANTES QUE NÃO PODIAM SER DESLIGADOS.

Havia nada menos do que 156 alto-falantes no navio cruzeiro *Robert Ley*, que podia transportar até 1.600 passageiros para a Escandinávia, o norte da África, a Bulgária, a Itália ou a Turquia a um custo médio de apenas 200 marcos. O correspondente da CBS William L. Shirer falou a seus ouvintes americanos a respeito de um cruzeiro:

> Embora a vida no exterior fosse organizada em níveis excruciantes pelos líderes nazistas, os trabalhadores alemães pareciam se divertir. E a preços imperdíveis! Um cruzeiro para a ilha da Madeira, por exemplo, custava apenas 25 marcos, incluindo a passagem férrea de ida e volta ao porto alemão. Outros trechos eram igualmente baratos... No inverno, organizavam-se excursões especiais de esqui aos Alpes Bávaros por um custo de 11 marcos por semana, incluindo a viagem de carro, hospedagem completa, aluguel de esquis e aulas com um instrutor de esqui.

Entre 1934 e 1935, mais de 3 milhões de alemães participaram de atividades esportivas e de lazer com descontos utilizando as instalações construídas pelos sociais-democratas e pelos sindicatos, que organizavam esse tipo de eventos em caráter gratuito para a população desde fins do século XIX. Entretanto, quando a Força pela Alegria se mostrou popular, o regime começou a construir suas próprias "vilas comunitárias", onde poderia vigiar os residentes ainda mais de perto. Eis a descrição de Shirer:

> O resort se estendia por oito quilômetros da costa do mar Báltico, com blocos residenciais de seis andares intercalados com refeitórios. No centro do complexo, havia um gigantesco salão comunal projetado para acomodar todos os 20 mil veranistas engajados em demonstrações coletivas de entusiasmo pelo regime e suas políticas. Fora concebido com a intenção de acolher famílias, para recompensar pela falta de instalações familiares em outros empreendimentos da Força pela Alegria, e pretendia ser barato o suficiente para que um trabalhador comum tivesse condições de pagar. O preço da estadia de uma semana não ultrapassava 20 marcos.

O líder da Frente Alemã para o Trabalho, Robert Ley, explicou que "os trabalhadores ganhariam força para o seu trabalho se desfrutassem de alegria em seu tempo de lazer". Embora se assemelhasse ao lazer regimentado do tipo aprovado pelas instituições correcionais, dentre a liderança do partido havia aqueles que esperavam que tais iniciativas melhorassem a qualidade da vida dos empregados.

Sobre uma iniciativa lançada sob o slogan "A beleza do trabalho", Albert Speer escreveu:

> Primeiro, nós persuadimos os proprietários de fábricas a modernizarem seus escritórios e a terem algumas flores por perto, mas não paramos por aí. O gramado deveria ocupar o lugar do asfalto. O que antes eram terrenos baldios deveriam ser

> transformados em pequenos parques onde os trabalhadores pudessem se sentar durante os intervalos. Insistimos para que as áreas de janelas dentro das fábricas fossem ampliadas e que cantinas para funcionários pudessem ser instaladas... Nós fornecíamos filmes educativos e um serviço de aconselhamento para ajudar os empresários nas questões de iluminação e ventilação... Todos se dedicavam à causa de fazer algumas melhorias nas condições de vida dos seus trabalhadores e de se aproximarem mais da idealizada Comunidade Popular sem classes.

Operários foram aplacados por promessas incansáveis de novos espaços de lazer e de novas cantinas, para logo descobrirem que, não só eles é que deveriam construir esses espaços, como também deveriam pagar por eles!

Contudo, a oferta mais desonesta foi a promessa do chamado "carro do povo", o Volkswagen, para o qual uma soma era deduzida mensalmente dos pacotes de remuneração já minguantes dos trabalhadores. 300 mil empregados pagaram obedientemente entre cinco e quinze marcos todos os meses, ao longo de vários anos, pelos quais receberam um voucher numerado e a "garantia" pessoal de Ley de um "Fusca" novinho.

Um relatório particular encomendado pelo Partido Social-Democrata em abril de 1939 observou:

> Por um longo tempo, o carro foi um dos principais temas de conversa em todas as camadas da população na Alemanha. Todos os outros problemas prementes, quer de política nacional ou externa, foram temporariamente empurrados para o plano de fundo. O cotidiano cinzento alemão mergulhou no esquecimento sob a crença nessa música do futuro. As multidões se reúnem onde quer que os modelos de teste da Força pela Alegria sejam vistos na Alemanha. O político que promete

> um carro para todos será o homem das massas se as massas acreditarem nas promessas dele. E no que diz respeito ao carro da Força pela Alegria, o povo alemão de fato acredita nas promessas de Hitler.

Os depósitos acumulados totalizaram uma renda considerável para os administradores desse fundo que, na ocasião, não pagaram nada, uma vez que o carro nunca foi produzido em grande quantidade. Um protótipo foi exibido nas feiras de automóvel de Munique e de Viena em 1938, e Hitler recebeu um carro de presente no ano seguinte, o qual deu a Eva Braun. Mas, para os 300 mil trabalhadores que pagaram suas prestações na crença de que um dia receberiam seu próprio automóvel, essa foi apenas outra das promessas que Hitler quebrou. Muito antes da data prevista para que o primeiro veículo produzido em massa saísse da linha de produção, a fábrica da Volkswagen em Fallersleben havia sido transformada em uma fábrica de munições.

LOJA FECHADA

Comerciantes e proprietários de pequenos negócios também foram traídos pelo partido que muitos deles tinham apoiado e a que concederam seus votos.

Os nazistas haviam prometido encerrar a "concorrência desleal" ao "arianizar" os estabelecimentos e lojas de departamentos da propriedade de judeus. Na prática, isso significou aterrorizar os proprietários a fim de fazê-los abandonar seus negócios e fugir do país ou vendê-los por um preço simbólico para o regime.

Contudo, então, em vez de entregar essas lojas e empresas para seus vizinhos alemães invejosos, como tinham prometido fazer, os nazistas instalaram seus comparsas e os empresários que tinham molhado as mãos dos oficiais do partido na esperança de furar a fila.

Consequentemente, os novos proprietários não sentiam nenhuma obrigação de jogar justo e, muitas vezes, minavam impiedosamente a concorrência.

Sob a nova direção de gente aprovada pelos nazistas, as lojas de departamento se recusaram a honrar a promessa feita pelos donos anteriores de alugarem unidades para pequenos comerciantes e, em vez disso, pressionaram as lojas e firmas locais a encerrarem seus negócios. Conforme a economia se deteriorava sob o regime, os salários caíam, os preços subiam e as vendas declinavam, forçando um número cada vez maior de clientes a demandar bens a crédito, embora fosse improvável que algum dia tivessem a capacidade de pagar as dívidas.

LEI E ORDEM

Se o eleitor médio esperava que, marcando um xis no campo correspondente ao candidato do NSDAP, estava votando a favor de um "homem forte" que pretendia garantir um retorno à lei e à ordem, logo foi desiludido. A despeito da presença conspícua da polícia secreta em cada esquina e da ameaça de punições draconianas para os criminosos, os incidentes de estupro e de homicídio aumentaram assustadoramente durante os anos de Hitler.

O RACIONAMENTO FOI INTRODUZIDO EM 1939 E QUASE IMEDIATAMENTE DEU ORIGEM À EXTORSÃO E A UM PRÓSPERO MERCADO CLANDESTINO DE CUPONS

O racionamento foi introduzido em agosto de 1939 e quase imediatamente deu origem à extorsão e a um próspero mercado clandestino de cupons, já que itens essenciais tais como roupas, café, alimentos básicos, sapatos e até mesmo sabonete, bem como artigos de luxo, estavam escassos e eram disponíveis apenas mediante um número de cupons suficientes codificados por cores. No entanto, esses cupons foram desvalorizados depois que os Aliados lançaram centenas de milhares de cupons forjados, na crença de que o ato desmoralizaria a população quase com a mesma eficácia quanto a de um bombardeio.

Ter cupons suficientes não garantia, é claro, que o item em questão estaria disponível e isso levou ao fomento de uma economia de mercado paralelo em que era possível obter quase tudo – pelo preço certo. Mas pelo menos não havia fila. Afinal, parte da rotina diária de uma dona de casa alemã era passar horas na fila em busca de mercadorias que frequentemente teriam se esgotado no momento em que ela chegasse ao balcão.

Como sempre acontece em tempos de escassez, o crime aumentou. Gangues audaciosas invadiam os armazéns do governo e roubavam provisões racionadas. Ao mesmo tempo, o preço das mercadorias no mercado paralelo dobrou todos os anos de 1939 a 1944.

Traficantes de drogas, desertores e outros oportunistas criaram uma subcultura inteira baseada em mercadorias ilícitas financiadas por uma economia fantasma, cuja moeda principal eram os cigarros. Ovos frescos, por exemplo, custavam normalmente quatro cigarros. Por ironia, um governo que buscava controlar o cidadão comum se viu impotente para impedir que uma população, antes honesta, driblasse a lei.

No ano que antecedeu a guerra, os comerciantes ilegais já estavam negociando abertamente nas ruas de Berlim e de outras grandes cidades. Estima-se que, no auge, até um terço de todos os bens e serviços na capital estavam sendo negociados no mercado paralelo.

O governo os condenava como criminosos da economia de guerra (*Volksschädlinge* ou "parasitas do povo"), embora fossem mais comumente conhecidos por *Schieber* ("traficantes"). Porém, quando se tratava de uma mãe querendo dar de comer à sua família, ou um homem querendo adquirir meias para sua amante, não importa com que fervor esses cidadãos apoiassem o regime, eles negociariam de bom grado com quem quer que pudesse fornecer itens para suprir suas necessidades.

É revelador que aqueles que compravam produtos ilícitos invariavelmente confiassem mais em estranhos do que em seus vizinhos, que poderiam delatá-los ao governo. 80% dos inquéritos da Gestapo eram atribuídos a informantes, alguns dos quais poderiam ter delatado informações às autoridades para desviar suspeitas de si mesmos, ao mesmo tempo em que demonstravam sua lealdade ao regime. Mais preocupante para o regime era o fato de que muitos funcionários do Partido Nazista estavam dispostos a aceitar um suborno em dinheiro ou em bens ilícitos em troca de fazer vista grossa para tais atividades.

Capítulo Quatro

BANDIDOS À SOLTA

SUPERANDO A OPOSIÇÃO

Desde os primeiros dias, os líderes nazistas estavam ansiosos pelo poder. Eles desprezavam e desconfiavam do processo democrático, assim, não pensaram duas vezes antes de violar o sistema eleitoral.

Nas duas eleições nacionais realizadas em 1932, antes da ascensão de Hitler à chancelaria, os nazistas perderam 2 milhões de votos, caindo de 13,7 milhões em julho de 1932 para 11,7 milhões de votos em novembro do mesmo ano. Pior ainda, os dois partidos trabalhistas – o SPD (Partido Social-Democrata) e o KPD (Partido Comunista da Alemanha) – faturaram no total 6% a mais de votos em comparação aos nacional-socialistas nas eleições de outono. Esse fato alarmou os industrialistas e a elite governante, que persuadiram o presidente Von Hindenburg a nomear Hitler como chanceler. No início, Hindenburg relutou em nomear um homem cujas políticas ele repudiava, mas cedeu quando lhe asseguraram de que "o presunçoso cabo austríaco" seria mantido sob o olhar atento de Von Papen, político de centro e antigo chanceler, que serviria como vice-chanceler.

No entanto, mesmo um ano após Hitler ter sido empossado, uma minoria significativa continuava se recusando a apoiar suas políticas e seu partido. Embora não fosse haver mais eleições livres, a oposição aos nazistas continuou.

Em 1933, ocorreram mais de 460 brigas de rua entre facções rivais, nas quais 400 participantes ficaram gravemente feridos e 80 foram mortos. Quando o idoso Von Hindenburg morreu em 2 de agosto de 1934, Hitler não perdeu tempo em abolir o cargo de presidente e em exigir que o Wehrmacht fizesse um juramento pessoal de fidelidade ao seu novo Führer, que agora era o comandante supremo das Forças

> PERGUNTAVAM-SE POR QUE HITLER FRACASSARA EM IMPEDIR O ABUSO DE PODER E O PRIVILÉGIO ENTRE OS OFICIAIS DO PARTIDO.

Armadas, bem como o chefe de Estado e líder do partido único no Reichstag.

Ainda assim, Hitler sentiu a necessidade de legitimar seu domínio ferrenho do poder, nem que fosse para dar a impressão ao mundo exterior de que ele governava com a vontade do povo. Apesar disso, o referendo realizado em 19 de agosto revelou que mais de um sexto da população votante negava a Hitler a aprovação que ele buscava. A despeito do bombardeio de propaganda política e da presença intimidante da SA nos pontos de votação, dezenas de milhares votaram "Nein". Em alguns bairros da classe operária, o "não" chegou a alcançar um terço de todos os votos contabilizados. Não se pode negar que uma fração desses votos era de protesto e que tinha o objetivo de atrair a atenção de Hitler para a raiva que muitos integrantes do partido provenientes da classe operária sentiram ao observar seu fracasso em lidar com a corrupção endêmica dentro do partido.

Dezoito meses mais tarde, em março de 1936, um relatório da Gestapo revelou que ainda havia descontentamento entre os membros comuns do partido. Estes se perguntavam por que Hitler tinha fracassado em agir para impedir o abuso de poder e o privilégio dos oficiais do partido. Muitos membros leais estavam ficando impacientes com a liderança, que parecia indiferente às suas dificuldades. Os preços continuavam a subir, enquanto que os salários permaneciam comparativamente baixos, e a escassez de produtos fazia a tarefa de sustentar a família mais difícil a cada dia.

Entretanto, logo depois que o relatório foi compilado, em 7 de março, as tropas alemãs marcharam para a Renânia, sem oposição, a fim de recuperar territórios ocupados pelos franceses sob os termos do odiado Tratado de Versalhes. Na época, era desconhecido que o Wehrmacht tivesse ordens para recuar se os franceses mostrassem o menor sinal de resistência, mas a população simplesmente ficou inerte vendo as tropas alemãs passarem. O golpe audacioso reforçou a popularidade de Hitler na Alemanha e tranquilizou muitos cidadãos, no país e no exterior, que haviam manifestado preocupações a respeito de sua retórica agressiva.

FRAUDE ELEITORAL

Embora o regime pudesse alegar ter ganho os corações e as mentes das massas, ainda temia aqueles que, com obstinação, recusavam-se a se submeter a intimidações. A solução óbvia, segundo sua visão, era fraudar o resultado a seu favor. Porém, os homens a quem eles confiaram a tarefa não eram as mentes mais inteligentes que poderiam ser encontradas por aí. As eleições de março de 1936 expuseram as táticas fraudulentas quando o resultado oficial foi declarado para Berlim, pois 99% dos votos em cada distrito da capital eram a favor dos nazistas.

Em Friedrichshagen, 15 centros de votação registraram uma taxa de comparecimento suspeita de 100%, e os cincos centros restantes obtiveram somente um voto a menos do que o total da população dos respectivos distritos. Como Gauleiter de Berlim, o dr. Goebbels tornou público aos militantes do partido o seu descontentamento. Por acaso eles queriam que a imprensa estrangeira comparasse as eleições alemãs com a notória eleição fraudulenta organizada pelo gangster Al Capone em Cicero, Illinois, em 1924, quando ele instalou uma administração fantoche para legalizar sua jogatina no subúrbio de Chicago?

Em Hamburgo, naquele mesmo mês, as cédulas de votação para o plebiscito nacional sobre a reocupação da Renânia pela Alemanha foram numeradas com tinta invisível para que os brutamontes camisas-pardas pudessem identificar aqueles que votaram "Nein".

Era preciso coragem para ser visto como alguém muito interessado nos resultados, mas o advogado estagiário Peter Bielenberg se voluntariou para ajudar com a apuração dos votos em seu distrito de Berlim em um referendo que aconteceu mais adiante naquele ano, e ficou entusiasmado ao descobrir que centenas de seus concidadãos tinham votado contra o novo governo. No entanto, na manhã seguinte, os jornais declararam uma votação unânime a favor das políticas do partido, confirmando o que Peter e outros liberais alemães temiam: a oposição tinha sido efetivamente silenciada e não haveria nenhuma esperança de derrubar o ditador por vias democráticas.

Embora posteriores melhorias na economia e um declínio nas taxas de desemprego tivessem ocorrido devido a fatores externos, e as realizações muito alardeadas do programa de obras públicas tivessem sido instigadas pelo governo anterior, Hitler assumiu crédito exclusivo por tudo. Em um discurso para o Reichstag em abril de 1939, ele se gabou de restaurar o orgulho alemão e de recuperar seu território "roubado". Ao fazê-lo, ele declarou a identificação entre sua vontade e a vontade da Alemanha:

> Eu venci o caos na Alemanha, restaurei a ordem, alavanquei enormemente a produção em todos os campos da nossa economia nacional... Fui bem-sucedido na completa reinserção em produções úteis daqueles 7 milhões de desempregados em situação que tanto tocava os nossos corações. Não só uni politicamente a nação alemã, como também a rearmei militarmente, e tentei liquidar ainda mais aquele tratado, folha por folha, cujos 448 artigos contêm a violação mais vil a que nações e seres humanos pudessem se submeter. Restaurei para o Reich as províncias tomadas em 1919; conduzi milhões de alemães profundamente infelizes, que tinham sido tomados de nós, de volta para a pátria; restaurei a milenar unidade histórica do espaço vital alemão; e tentei conquistar tudo isso sem derramamento de sangue e sem infligir os sofrimentos da guerra em meu povo ou em qualquer outro.

Uma vez no poder, os nazistas determinaram que assim permaneceriam e manipularam a formulação de cada plebiscito ou referendo para garantir que obtivessem o resultado necessário – um unânime e afirmativo "Ja!" para quaisquer que fossem as propostas do Führer.

A anexação da Áustria em março de 1938 pode ser vista como uma instância típica.

A pergunta feita a cada cidadão alemão com direito a voto (excluindo-se judeus) era: "Você aprova a reunificação da Áustria com o Reich alemão, promulgada em 13 de março de 1938, e você vota no partido do nosso líder, Adolf Hitler? Sim. Não."

O texto combinava duas questões distintas – uma declaração ou não de apoio pela recente anexação da Áustria, a qual nenhum cidadão "leal" ao Reich se atreveria a negar que fora um triunfo para Hitler, e um voto a favor ou contra o Partido Nazista – mas só se poderia dar uma resposta. A configuração da cédula de voto também "encorajava" o eleitor a marcar a lacuna, "Ja", já que era impressa em um círculo maior na cédula do que o "Nein", enquanto que o nome de Hitler aparecia em tipografia maior, a fim de enfatizar sua importância. O resultado oficial foi uma votação de 99% a favor das ações de Hitler.

O GRANDE ROUBO DE OURO

Quando Hitler dirigiu pelas ruas de Viena em um Mercedes conversível em 15 de março de 1938, para celebrar o Anschluss (a união da Áustria com a Alemanha), foi recebido por cenas de adulação de massas que nem mesmo ele poderia ter previsto.

Era um sonho da vida toda o ex-cabo de Braunau am Inn ser saudado como um herói conquistador que traria a Áustria para "casa", no seio do Reich. Finalmente ele tinha sido capaz de restaurar o orgulho de sua terra natal, humilhada pelas condições punitivas impostas pelo Tratado de Versalhes (incluindo uma multa de 132 bilhões de marcos que, mais tarde, foi renegociada para 112 bilhões). Mas se as multidões adoradoras da Heldenplatz soubessem o que tinha sido feito sob a cobertura do Anschluss, poderiam não ter ficado tão ansiosas em recebê-lo.

Nas horas anteriores, os associados de Hitler tinham despojado o Banco Central austríaco de todos os seus ativos, ou seja, 100 toneladas de barras de ouro, e os enviado para Berlim. Mais 5,7 toneladas foram transferidas de Londres, onde tinham permanecido por segurança. Dentro de poucas horas, os nazistas aumentaram em quatro vezes as reservas da Alemanha. Depois, em 23 de março de 1938, o regime decretou que todos os judeus habitantes do Reich deveriam declarar o valor de suas propriedades e bens particulares, incluindo ações, títulos e objetos pessoais de valor. Essa lei fora promulgada em antecipação ao confisco de um montante estimado em 4 bilhões de marcos da população judia da Áustria, que aconteceu após a anexação. O regime montou um banco de compensação para lavar seus ganhos ilícitos, cinicamente nomeado o Banco Nacional da Áustria em Liquidação, para dar a impressão de que os depósitos eram apenas uma parte do processo de assimilação. Por esses meios, 14,3 toneladas de ouro foram obtidas dos judeus da Áustria. Isso incluía 65 milhões de marcos em moedas de ouro, 299 milhões em ações e títulos, 150 milhões em ações estrangeiras e 345 milhões em ouro e moeda do Banco Nacional Austríaco.

Em fevereiro seguinte, todos os judeus do Reich foram obrigados a entregar suas joias, talheres de prata e ouro para as casas de penhores municipais, pelos quais receberiam um valor simbólico. Desta forma, o regime se apropriou da riqueza de alguns dos seus cidadãos mais abastados por uma fração de seu verdadeiro valor. Todo o ouro foi posteriormente fundido em barras de ouro anônimas e indetectáveis, para, em seguida, serem depositadas no Reichsbank.

NÃO SE ACEITA DINHEIRO

Sem reservas em ouro, os nazistas sabiam que não poderiam sustentar a guerra que Hitler estava planejando. O ouro serviria para comprar as matérias-primas que a Alemanha necessitava para fabricar tanques, aviões e navios e também o combustível para abastecê-los. A Alemanha começara a produzir óleo sintético de baixo teor, mas era o óleo de alto teor que iria lubrificar as engrenagens da máquina militar. E este era produzido por um Aliado do Eixo, a Romênia.

O regime fascista de Franco fornecia o tungstênio necessário para processar o minério de ferro alemão de baixo teor na produção de aço, mas a Espanha precisava ser paga, apesar da dívida que Franco tinha com Hitler por este ter virado a maré da Guerra Civil Espanhola. A Turquia fornecia aos nazistas o cromo (essencial na fabricação de tanques, munição pesada e U-boats), e a Suécia enviava minério de ferro e rolamentos, mas nenhum país aceitava dinheiro porque as taxas de câmbio poderiam flutuar loucamente assim que a guerra fosse declarada. A importância dessas matérias-primas para os planos alemães de conquista é muitas vezes subestimada; no entanto, de acordo com um memorando escrito por Albert Speer destinado a Hitler, em 10 de novembro de 1943, se o fornecimento de cromo da Turquia fosse bloqueado, a Alemanha teria exaurido seus estoques em um prazo de seis meses, e o fabrico de armamentos teria cessado bruscamente dentro de quatro a doze semanas.

Portugal, politicamente neutro, era o segundo maior parceiro comercial com o qual a Alemanha ainda poderia contar naquele momento, mas o país também insistia em ser pago a ouro, uma vez que tinha descoberto que os nazistas andavam pagando em dinheiro falso. O ouro era a moeda internacional, e a Alemanha pretendia acumular o máximo possível.

EM BUSCA DE OURO

Hjalmar Schacht, o Ministro das Finanças de Hitler e presidente do Reichsbank, sabia exatamente quanto ouro era mantido no Banco Central da Áustria e da Grã-Bretanha, pois ocorria que ele também era um diretor fundador do Banco de Pagamentos Internacionais (BIS), cujos integrantes eram obrigados a declarar detalhes de seus ativos para os outros integrantes.

O papel de Schacht no apoio ao regime não deve ser subestimado. O embaixador americano William Dodd se referiu a Schacht como "o ditador econômico" da Alemanha. Já o cônsul-geral americano em Berlim mais tarde declarou sobre ele:

> Se não fosse por seus esforços [...] o regime nazista teria sido incapaz de se manter no poder e de estabelecer o controle sobre a Alemanha, que dirá criar a enorme máquina de guerra necessária para os seus objetivos na Europa e, mais tarde, em todo o mundo.

Um oportunista sem escrúpulos, Schacht fora contratado por Hitler devido à sua "habilidade consumada em ludibriar os outros" e, por essa razão, Hitler não fez pressão para que Schacht se juntasse ao partido. Schacht foi fundamental no levantamento das grandes somas de dinheiro que financiaram as campanhas eleitorais dos nazistas entre 1926 e 1932. Além disso, desempenhou um papel significativo na manobra que colocou Hitler na posição em que ele poderia receber a oferta para ser chanceler. Ele havia encorajado Franz von Papen a renunciar a favor de Hitler, a respeito do qual ele declarou: "Hitler é o único homem

UM OPORTUNISTA SEM ESCRÚPULOS, SCHACHT FORA CONTRATADO POR HITLER DEVIDO ÀS SUAS "HABILIDADES CONSUMADAS EM LUDIBRIAR OS OUTROS" que pode salvar a Alemanha." Apesar disso, na realidade, Schacht considerava Hitler "semi-instruído", e nutria apenas desprezo pela SA, cujos homens eram menosprezados por ele como brutos.

Em 1931, Schacht disse a uma jornalista americana que se os nazistas conseguissem chegar ao poder, seriam incapazes de administrar a economia. "Os nazistas não sabem governar", ele declarou a ela, "mas eu posso governar por meio deles".

Schacht convenceu Hitler a não fazer quaisquer promessas econômicas ou comprometer o partido com um programa específico nos meses que antecederam a sua ascensão à chancelaria, já que ele não seria capaz de defender sua posição ou explicar por que a considerava prudente.

Schacht foi um dos poucos homens no governo a declarar oposição aos planos de Hitler de declarar guerra, mas alegou apenas que seria desastroso para a economia. Quando viu que Hitler não poderia ser dissuadido, concebeu um plano para salvaguardar as finanças da Alemanha durante o conflito. Central nesta estratégia foi a fundação do BIS em 1930, sediado na neutra Suíça, sob o pretexto de que facilitaria o pagamento das reparações devidas pela Alemanha. Schacht seria o primeiro presidente e o homem que garantiria que as reservas de ouro dos países conquistados fossem depositadas no Reichsbank, pois sua posição lhe permitia usar o BIS como uma câmara de compensação tanto para a Alemanha quanto para suas vítimas.

Isto se mostrou crucial no caso da Tchecoslováquia, que tinha confiado o total de suas reservas – 6 milhões de libras esterlinas (8 milhões de dólares) em ouro – ao banco da Inglaterra. Os britânicos poderiam ter retido o dinheiro sob as circunstâncias; mas, assim que Praga capitulou, Schacht solicitou que as reservas tchecas fossem depositadas no Reichsbank e, inacreditavelmente, os britânicos aquiesceram. Aproveitando as reservas em ouro do país derrotado, o Terceiro Reich desestabilizou a economia da Checoslováquia e destruiu a confiança em sua moeda, cujo valor despencou.

O ouro também financiou os partidos pró-nazistas nos países vizinhos que a Alemanha pretendia invadir. Entretanto, primeiro eles precisavam minar a resistência nesses países espalhando a ideologia nazista entre seus radicais nacionalistas e comprando a lealdade dos colaboradores.

Os esquemas de angariação de fundos de Schacht não pararam por aí, pois foi ele, um antissemita ferrenho, que concebeu a noção odiosa de que os judeus deveriam pagar uma taxa de emigração para deixar a Alemanha em busca de terras mais seguras e que organizou a canalização de enormes quantidades de recursos do exterior para financiar o programa de obras públicas de Hitler.

A construção da rede de autoestradas, muito admirada pelos amigos estrangeiros da Alemanha, e o programa de rearmamento maciço, que alarmou os vizinhos, foram ambos financiados por empréstimos obtidos no exterior que Hitler não tinha a intenção de pagar. Ele havia forçado a construção das *autobahns* a um custo de 600 milhões de reichsmarks pois precisava ser capaz de movimentar tropas e tanques rapidamente de uma parte do país a outra e não porque quisesse apoiar a indústria alemã ou facilitar a viagem para o público em geral.

Enquanto as Forças Armadas alemãs exibiam sua superioridade em demonstrações orquestradas de pompa militar para as câmeras dos noticiários nas festas anuais do partido em Nuremberg, o regime estava praticamente falido. Foi principalmente o roubo do ouro austríaco que manteve os credores afastados até Hitler poder empreender sua guerra e esvaziar os cofres dos bancos das nações derrotadas.

O vice-presidente do Reichsbank, Emil Puhl, escreveu um memorando revelador naquele outono:

> A rápida implementação do rearmamento só foi possível graças à utilização do ouro disponível, às divisas do antigo Reich e à recuperação imediata do ouro austríaco, das matérias-primas estrangeiras e das valiosas reservas de títulos.

O PLANO DE QUATRO ANOS

De acordo com o escritor George M. Taber, autor de *Chasing Gold* ["Em busca do ouro"], o rearmamento alemão foi financiado principalmente por meio da emissão de notas promissórias além do limite de 100 milhões de marcos impostos ao Banco Central pela lei alemã. Estas notas eram emitidas por uma empresa fantasma criada por Schacht sob o nome de *Metallurgische Forschungsgesellschaft* (Empresa de Pesquisa Metalúrgica).

A Mefo, como era popularmente conhecida, não tinha empregados, mas um capital de 100 milhões de marcos doados por quatro grandes empresas alemãs. Os fabricantes de armamentos seriam pagos na moeda da Mefo que acumularia 4% de juros ao ano ao longo de quatro anos, depois dos quais, seriam reembolsadas na totalidade pelo Reichsbank. No entanto, os nazistas não tinham intenção de honrar esse "investimento" e logo prorrogaram o período de reembolso para dezessete anos. Schacht considerava o esquema "engenhoso" e extraía prazer em saber que os investidores estrangeiros tinham sido ludibriados a comprar os papéis da Mefo sem ter consciência de para onde esse dinheiro estava indo.

Em maio de 1935, Schacht relatou a Hitler: "Nossos armamentos estão, portanto, sendo financiados parcialmente com os ativos dos nossos adversários políticos."

Nos cinco anos seguintes, a Alemanha gastou 20,5 bilhões de reichsmarks em rearmamento, dos quais 12 bilhões foram obtidos através da venda de papéis da Mefo. Porém, dentro de um ano, Hitler já não se sentia mais em dívida com Schacht e estava se irritando com algumas das opiniões francas do banqueiro a respeito das políticas nacional-socialistas, que ele apresentava nas páginas da imprensa estrangeira e em discursos nas cerimônias oficiais do governo. Em agosto de 1936, Schacht foi efetivamente afastado por Göring, que Hitler tinha encarregado da implementação do chamado Plano de

Getty Images

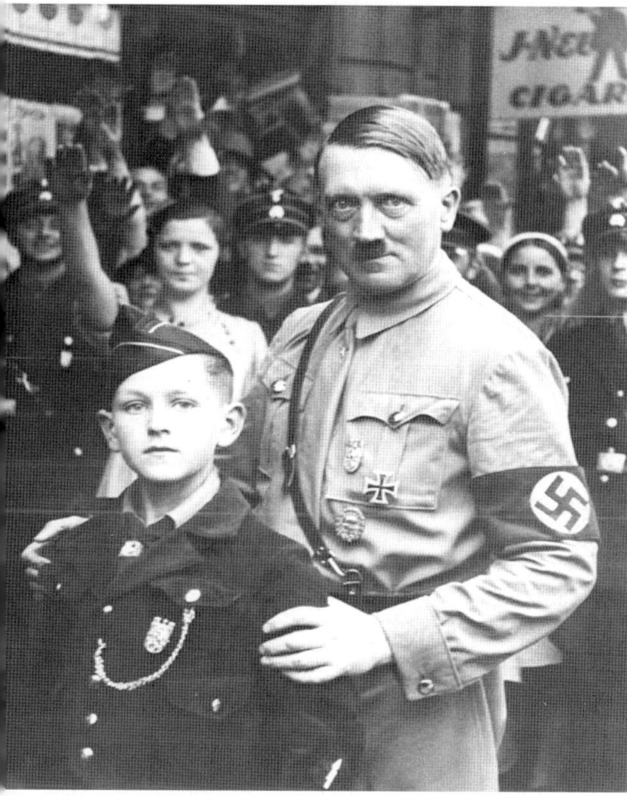

A organização da Juventude Hitlerista foi concebida como uma forma de doutrinar meninos e jovens (de 10 a 18 anos) à causa do Terceiro Reich. Em 1936, havia cerca de 4 milhões de integrantes. Hitler afirmou: "Um jovem alemão deve ser ligeiro como um galgo, resistente como o couro e tão duro quanto o aço Krupp."

Magda e Joseph Goebbels se casaram em 1931, em Mecklenburg, no norte da Alemanha. O casamento recebeu a bênção de Hitler, que foi o padrinho. Harald Quandt, filho de Magda de seu primeiro casamento, pode ser visto no uniforme do Deutsches Jungvolk, ou Juventude Hitlerista júnior. Magda e Joseph tiveram seis filhos, cinco meninas e um menino, mas Harald viveu mais do que todos eles. Magda e Joseph ordenaram que seus seis filhos fossem assassinados no *bunker* de Hitler, pouco antes da queda de Berlim.

Adolf Hitler em um momento raro de distração na companhia de sua sobrinha, Geli Raubal. Ele claramente se sentia relaxado na presença dela, mas será que eles tiveram um perverso relacionamento sexual? E seria ele o responsável pela morte dela e sua subsequente ocultação?

Topfoto

Bundesarchiv

Ernst Röhm (de frente para a câmera) foi cofundador da Sturmabteilung (SA), o braço paramilitar do Partido Nazista. Röhm se tornou o chefe de gabinete da organização em 1931. Nesse mesmo ano, o *Münchener Post*, um jornal social-democrata, publicou correspondências pessoais de Röhm que o revelavam como homossexual. Sua amizade estreita com Hitler – eles se tratavam por "você" – levou a rumores de que o Führer fosse gay.

Um retrato com iluminação dura de Hermann Göring, datado de agosto de 1932, para celebrar sua nomeação como presidente do Reichstag. A medalha que ele usa é a "Blue Max" ("Max Azul"), ou "Pour le Mérite", a mais alta condecoração da Prússia, concedida por suas façanhas como piloto de caça na Primeira Guerra Mundial. Como principal funcionário do governo, Göring passava a ter condições de satisfazer seu gosto pelo luxo, inflando sua renda mediante suborno, corrupção e confisco de propriedade judaica.

Em janeiro de 1933, Hitler tornou-se chanceler; em abril, a Gestapo foi fundada. Desta forma, os nazistas começaram a engrenar o seu reino doméstico de terror. Aqui, os membros sádicos da divisão da Marinha da SA posam com suas vítimas durante a denúncia de uma mulher e seu namorado judeu em frente à sede nazista local, Cuxhaven, no norte da Alemanha.

Getty Images

Getty Images

Getty Images

Um garoto judeu corta a barba de seu pai repreendido por instigação à zombaria contra tropas alemãs, 1933.

A figura de Hitler iluminada em uma janela da Chancelaria em Wilhelmstrasse, Berlim, depois de vencer as eleições de 1933. Ele se enxergava como um homem cuja hora havia chegado.

Bundesarchiv

Mulheres nazistas desfilam em formação na abertura do Adolf Hitler Kampfbahn, ou Arena Adolf Hitler (hoje Mercedes-Benz Arena) em Stuttgart, 1933. Os mestres de marionetes nazistas adoravam coreografar os alemães em padrões móveis que sugeriam ordem e controle, e vestindo trajes que os ligassem a um glorioso passado mítico. A ideia era mostrar os participantes dançando no tom do Führer, um treinamento de obediência que poderia ser transmitido ao redor do mundo.

Bundesarchiv

Segurando a Blutfahne (a bandeira de sangue), o notório Julius Streicher lidera "velhos camaradas" em comemoração ao Putsch de Munique. O fracassado Putsch de 1923 havia sido pouco mais do que uma briga sem sentido com a polícia bávara, durante a qual 16 nazistas foram mortos, mas Hitler continuou a usar o episódio como capital político. Afinal, o julgamento que se seguiu ao conflito colocou-o no centro das eleições na política alemã.

Bundesarchiv

Embriagado pelo poder, Hitler exorta os membros da Juventude Hitlerista em Nuremberg, em 1934. Rudolph Hess pode ser visto logo atrás dele, ao fundo. Hess era o homem do aquecimento de Hitler, que conduzia o público recitando o juramento oficial de fidelidade ao Führer. Dizem os rumores que o próprio Hitler o redigira. Milhões de soldados e funcionários públicos bradaram o juramento em resposta, entre 1934 e 1945 e, assim, aliaram-se ao Führer e ao destino dele.

Bundesarchiv

Um sósia de Hitler recolhe dinheiro para o *Winterhilfe* (Campanha beneficente de inverno para o povo alemão), cujo slogan era: "Ninguém deve passar fome ou frio." As pessoas que não fizessem doações podiam encontrar seus nomes impressos nos jornais locais; outros perdiam seus empregos. Funcionários nazistas eram conhecidos por desviar uma grande fatia.

Topfoto

A deusa das telas Lida Baarova e o ator Gustav Fröhlich conversam com Joseph Goebbels nos Jogos Olímpicos de 1936. A atriz tcheca teve um caso com Goebbels no período entreguerras, que terminou por intermédio de Hitler. Anos depois, Baarova insistiu em nunca ter amado o "anão venenoso": "Graças a ele, fui parar nas profundezas do inferno."

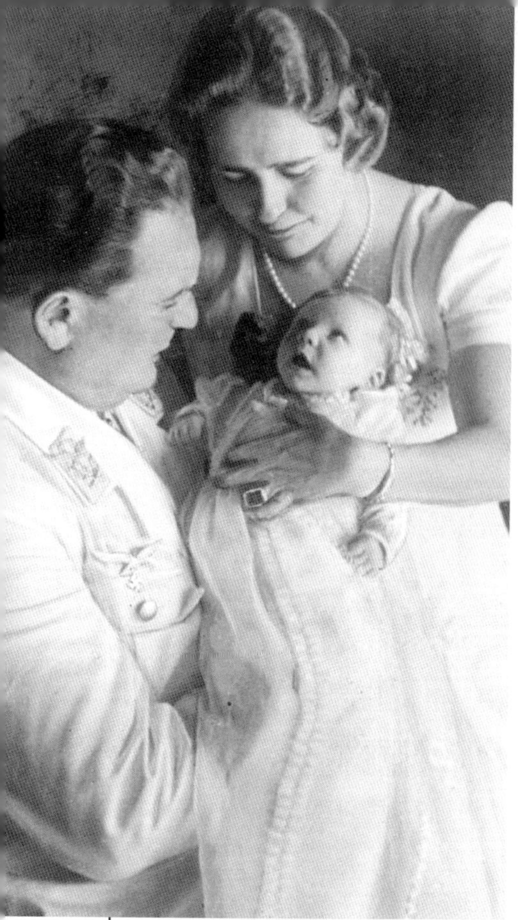

Getty Images

Heinrich Himmler celebra o aniversário da morte de Henry Fowler em 1936, na Abadia de Quedlinburg. Henry foi o herói da ópera Lohengrin, de Wagner e, apesar do físico franzino, Himmler acreditava ser a reencarnação do grande guerreiro. A SS se comparava aos antigos Cavaleiros Teutônicos, mas, na Alemanha do entreguerras, cavalheirismo era uma característica escassa.

Bundesarchiv

Quando Hermann Göring e sua esposa, a ex-atriz Emmy Sonnemann, tiveram um bebê, a pequena Edda, em 1938, ele enviou 100 mil cartões-postais mostrando o batismo, talvez na esperança de arrecadar presentes, mas também para sufocar rumores sobre sua virilidade. Dizia-se que o ferimento sofrido por Göring no Putsch de Munique o deixara impotente.

Apelidado de "mestre da injeção do Reich alemão" e visto aqui em uniforme militar na Polônia, o dr. Theodor Morell era um ginecologista sombrio que caíra nas boas graças de Hitler com remédios suspeitos e uma seringa pronta. Em 1945, Hitler estava tomando 28 comprimidos diferentes ao dia, suplementados por injeções intravenosas de metanfetamina. Os hipocondríacos eram o ganha-pão de Morell, e o Führer neurótico com seu medo mórbido de germes e com outras doenças psicossomáticas se mostrou um paciente disposto.

Bundesarchiv

Martin Bormann vivia nas sombras, operando sorrateiramente. Atuou como secretário pessoal de Hitler, e os líderes nazistas precisavam passar por ele para chegar ao Führer. Isso deu à "iminência parda" da Alemanha Nazista um imenso poder. Contrariar Bormann significava perder tudo. Bormann era um mestre da intriga e das lutas políticas internas. Como ele se submetia a seu mestre de forma brilhante, nenhum dos líderes nazistas conseguia depô-lo.

Bundesarchiv

Hitler e Albert Speer (acima) preparam-se para o Rali de Nuremberg, em 1937. Speer era tudo o que Hitler queria ser – culto, urbano, socialmente apto e artístico. Hitler acabou por nomeá-lo Ministro das Munições. Depois da guerra, Speer ganhou milhões com seus livros, mas nunca pôde escapar da mancha nazista, não importa quantas desculpas ele tenha inventado.

Bundesarchiv

O próprio estereótipo do nazista fanático e sem senso de humor, Theodor Eicke era o comandante de Dachau, o qual ele reorganizou sob diretrizes bárbaras como um modelo para todos os campos de concentração. Eicke foi um disciplinador brutal e sádico, e acredita-se que ele atirou contra Ernst Röhm, o líder da SA, durante a Noite das Facas Longas, em 1934. Eicke lutou no Fronte Oriental com a divisão Cabeça da Morte da SS, e aonde quer que ele fosse, atrocidades com certeza o acompanhavam. Poucos lamentaram sua morte em 1943, quando seu avião foi derrubado atrás das linhas inimigas, perto de Carcóvia, na atual Ucrânia.

Bundesarchiv

Eva Braun e Adolf Hitler no terraço do Berghof com seus cães. Eva conheceu Adolf quando tinha 17 anos, e ele, 40. Seu relacionamento de doze anos começou quando ele a convidou para a ópera. No início, ela era mantida longe do olhar público, pois os criadores de imagem nazistas queriam dar às pessoas a impressão de que o Führer estava "casado com a Alemanha". No final, o casamento entre os dois foi muito curto: a lua de mel ocorreu no *bunker* de Hitler e terminou horas depois, em um pacto de suicídio enquanto os soviéticos marchavam violentamente por Berlim.

Getty Images

Sic transit Gloria mundi ("toda a glória do mundo é transitória"): soldados americanos carregam parte da coleção de arte saqueada por Hermann Göring, o autoproclamado "Homem do Renascimento", em um vagão, perto de Berchtesgaden, em 1945.

Getty Images

Adolf Hitler dá sua bênção aos jovens integrantes da Juventude Hitlerista, a última linha de defesa de Berlim, cerca de dez dias antes de cometer suicídio, quando os soviéticos fecharam o Reichstag.

Getty Images

A Chancelaria em Berlim, 1945: soldados americanos zombam de Hitler na varanda de onde ele proferia discursos.

Quatro Anos. Esse memorando de treze páginas, esboçado por Hitler naquele verão, destinava-se principalmente a facilitar o rearmamento da Alemanha e a tornar a economia autossuficiente, em preparação para a guerra a que ele planejava dar início até 1940.

Com o objetivo de ser economicamente autossuficiente, a Alemanha tinha que ser capaz de produzir todas as matérias-primas e combustíveis de que necessitasse. O que o país não podia fabricar ou importar em quantidades suficientes deveria estar apto a produzir de forma sintética, especificamente, borracha a partir do linhito abundante que a I. G. Farben vinha insistindo que poderia processar. A Alemanha acumularia moeda estrangeira para que pudesse pagar as importações caso surgisse uma emergência, mas a questão dos custos de produção incorridos na fabricação de três matérias-primas essenciais (borracha, minério de ferro e petróleo) era "irrelevante", já que o regime não seria obrigado a pagar por elas. Além disso, a Alemanha teria à sua disposição os recursos naturais e os bens dos países ocupados com os quais pudesse saldar suas dívidas, caso desejasse fazê-lo, sendo que o ouro era o mais significativo.

Hitler sabia que Schacht teria protestado que esses objetivos eram impraticáveis, portanto, não o consultou. Em vez disso, marginalizou-o como fazia com todos os funcionários que tinham exaurido sua utilidade. Quando Schacht soube do Plano dos Quatro Anos em uma reunião do comitê executivo do gabinete, presidido por Göring, telefonou para o Ministério da Guerra e peticionou ao conselheiro econômico do general Blomberg, general Thomas, que persuadisse Blomberg a intervir. No entanto, Blomberg deixou de lado as preocupações de Schacht e lhe disse para ter fé no Führer.

Para Göring, o Plano de Quatro Anos trazia um benefício inesperado. A companhia de aço e minério de ferro em Salzgitter, que levava o nome dele, agora era beneficiária de recursos consideráveis do governo. Em fins de 1941, era a maior empresa na Europa, tendo adquirido instalações nos países conquistados e passado a fabricar armamentos. No entanto, de acordo com o escritor George M. Taber, revelou-se difícil demais gerenciá-la de maneira eficiente, e as divisões de carvão, ferro e aço perderam dinheiro durante a guerra.

Göring se manteve imperturbável. Ele teve a visão de abrir uma conta no Reichsbank, onde o ouro roubado dos países conquistados seria depositado, e transferiria o quanto quisesse para sua conta pessoal, sem que ninguém fizesse perguntas.

A esse montante acrescentaram-se o conteúdo dos cofres roubados e os pertences de valor retirados dos lares de indivíduos abastados que tinham sido identificados como dignos de receber uma visita do DSK (Devisenschutzkommando), os ladrões oficiais de Göring. Na esteira das vitórias do Wehrmacht, em maio de 1940, o DSK passou pelo norte da Europa como uma praga de gafanhotos, acumulando quase 850 milhões de libras (1 bilhão de dólares) em moeda e bens saqueados, dos quais 17 milhões de libras (22 milhões de dólares) foram obtidas no norte da França, 117 milhões de libras (150 milhões de dólares) na Holanda e 713 milhões de libras (910 milhões de dólares) na Bélgica.

Após a queda da Tchecoslováquia, vários países acharam prudente enviar suas reservas de ouro para o Canadá ou para os Estados Unidos, onde estariam longe do alcance de Göring. O Vaticano foi um dos poucos Estados soberanos a proteger seu ouro enviando todas as suas reservas – no montante de 8 toneladas em barras de ouro – para a segurança dos cofres do Federal Reserve de Nova York. O relatório Bigelow, em 1946, revelou que o Vaticano também tinha recebido 350 milhões de francos suíços em ouro nazista saqueado, o qual o Estado se recusou a devolver para os sobreviventes do Holocausto, depois da guerra.

Estima-se que os nazistas conseguiram saquear ouro em quantia equivalente a quase 500 milhões de libras (640 milhões de dólares) entre 1938 e 1945, sendo que apenas metade desse montante havia sido gasto antes do fim da guerra. O saldo remanescente teria sido suficiente para prolongar o conflito por pelo menos mais cinco anos. E se tivessem obtido sucesso em derrotar a Rússia, os alemães teriam tomado posse de mais 2.800 toneladas de barras de ouro, com as quais poderiam ter retardado a sua derrota indefinidamente.

LUCRANDO COM A SOLUÇÃO FINAL

Os crimes do Terceiro Reich foram cometidos em nome de Adolf Hitler e justificados pelos perpetradores como tendo sido sancionados pelo Führer. "Eu só estava seguindo ordens" tornou-se a defesa padrão de todos os criminosos de guerra que tentavam evitar a responsabilidade pessoal pelos seus atos hediondos. No entanto, muitos auxiliaram e instigaram roubos, tortura, intimidação e assassinato por iniciativa própria, explorando seu poder e autoridade para enriquecerem, exercerem controle sobre os outros e satisfazerem suas queixas pessoais.

> OS NAZISTAS CONSEGUIRAM SAQUEAR OURO EM QUANTIA EQUIVALENTE A QUASE 640 MILHÕES DE DÓLARES ENTRE 1938 E 1945, E GASTARAM APENAS A METADE.

A personalidade turbulenta de Hitler ansiava conflito e poder, e o regime que ele liderava se tornou a projeção de sua personalidade amoral e aberrante. Em um ambiente como esse, a corrupção e a criminalidade proliferaram, não mais do que nos campos de trabalho forçado, de concentração e de extermínio, onde o ódio patológico de Hitler contra os judeus e outros elementos "indesejáveis" se manifestava em uma brutalidade indescritível e em uma ganância desvelada.

A VIDA DUPLA DE RUDOLF HOESS

Rudolf Hoess, comandante de Auschwitz, levava duas vidas distintamente independentes. Seus filhos se lembram dele como um pai severo, embora amoroso, que só perdeu a paciência com eles uma vez, quando estavam tentando derrubar a cerca que dividia sua casa do campo onde cerca de 12 mil vítimas eram asfixiadas nas câmaras de gás e incineradas todos os dias. Aparentemente, foi nessa época que ele lhes disse que nunca deveriam machucar as outras pessoas.

Hoess voltava para casa no final de cada dia e fazia uma refeição com sua esposa e com os cinco filhos, enquanto os prisioneiros passavam fome e morriam de inanição ao alcance da vista e dos ouvidos daqueles em casa. Inge-Birgitt tinha seis anos em 1940, quando seu pai foi nomeado comandante, e se lembra de ver fumaça saindo do crematório e de se perguntar para que serviam as cercas de arame farpado e as torres de guarda. Porém, quando estava de folga, seu pai só discutia assuntos domésticos. Nos fins de semana, ele trabalhava no jardim como um funcionário público respeitável.

Em particular. no entanto, ele tinha orgulho de "gerenciar a maior máquina de destruição humana de todos os tempos", e confessou esse fato em seu diário. Hoess não tinha escrúpulos em ter prisioneiros servindo sua família, ou em decorar a casa de campo com pinturas tomadas de judeus, que tinham morrido a apenas 100 metros além da cerca do jardim.

Sua esposa Hedwig também não via razão pela qual não devesse se beneficiar da posição do marido e das oportunidades que o destino mandara para ela. Seu guarda-roupa estava lotado de sapatos e bolsas abandonados pelas mulheres mais abastadas que terminaram sua jornada em Auschwitz.

Quando a família Hoess fugiu do avanço dos russos no inverno de 1944, abasteceram duas carroças com bens roubados, mas logo se desfizeram deles e foram forçados a se refugiar em uma fábrica de açúcar enquanto Hoess trabalhava como agricultor em uma fazenda, sob um nome falso.

Quando ele foi finalmente capturado e trazido para Nuremberg a fim de testemunhar o julgamento de Ernst Kaltenbrunner, de Oswald

Pohl e dos diretores da I. G. Farben, falou de sua eficiência e da operação que tinha supervisionado com um orgulho indisfarçado. Foi ele quem persuadiu, com sucesso, o regime a usar o pesticida da I. G. Farben, o Zyklon B, para fins de extermínio em massa, pois o químico levava "apenas" entre três e quinze minutos para atingir sua finalidade letal.

> Sabíamos quando as pessoas estavam mortas porque eles paravam de gritar... Outra melhoria que fizemos em relação ao campo de Treblinka foi construir nossas câmaras de gás para acomodar 2 mil pessoas ao mesmo tempo, sendo que, em Treblinka, as dez câmaras de gás só acomodavam 200 pessoas cada. Selecionávamos nossas vítimas da seguinte maneira: tínhamos dois médicos da SS em serviço em Auschwitz para examinar os transportes de prisioneiros que chegavam. Os prisioneiros eram conduzidos em marcha por um dos médicos que faria decisões caso a caso, conforme os prisioneiros passavam. Os que eram aptos para o trabalho eram enviados para o campo. Outros eram enviados imediatamente para as plantas de extermínio. Crianças pequenas invariavelmente eram exterminadas, já que, em virtude de sua idade, eram incapazes de trabalhar. Uma outra melhoria feita em relação a Treblinka foi que, em Treblinka, as vítimas quase sempre sabiam que seriam exterminadas e, em Auschwitz, fazíamos esforços para enganá-las, fazendo-as pensar que passariam por um processo de remoção de piolhos. Claro, frequentemente eles percebiam as nossas verdadeiras intenções, e às vezes tínhamos tumultos e dificuldades devido a esse fato. Muito frequentemente, mulheres escondiam seus filhos debaixo das roupas... mas, claro, quando os encontrávamos, os mandávamos para serem exterminados. Era-nos exigido conduzir esses extermínios em segredo, mas, é claro, o odor fétido e nauseabundo produzido pela queima contínua de corpos permeava toda a área, e todas as pessoas que viviam nas comunidades vizinhas sabiam que extermínios estavam acontecendo em Auschwitz.

Seu único arrependimento, ele confessou, era ter contrariado seu pai católico, que desejava que o filho entrasse para o sacerdócio.

TODOS SAQUEAVAM

Essa lógica distorcida era típica da mentalidade irracional que persistia entre muitos membros da liderança nazista e seus funcionários, que procuravam conciliar seus princípios com as ações amorais.

Himmler expressou sentimentos semelhantes em um discurso para líderes da SS em Posen em 4 de outubro de 1943, no qual ele procurou endurecer a determinação de seus homens em participar do assassinato em massa de homens, mulheres e crianças nos campos que operavam sob o controle da SS.

"Nós temos o direito moral", ele lhes disse, "nós temos o dever para com o nosso povo de matar este povo que queria nos matar. Mas não temos o direito de nos enriquecer nem mesmo com um casaco de peles, com um relógio, com um marco, com um cigarro ou com qualquer outra coisa."

Aqueles que eram descobertos roubando as vítimas eram executados, pois tinham traído sua irmandade e roubado do Führer, para quem haviam feito um juramento de lealdade.

> OS GUARDAS DA SS SE SERVIAM À VONTADE DA MONTANHA DE OBJETOS DE VALOR DEIXADOS PARA TRÁS NA RAMPA (PLATAFORMA) PELOS RECÉM-CHEGADOS

A "Solução Final" era fundamentada em um grande leque de falácias, não menores do que a alegação de Himmler de que os judeus teriam massacrado os alemães se não tivessem sido eliminados primeiro. Para além do fato de que um número significativo de judeus já tinha sido assimilado pela sociedade alemã por meio do casamento e que dificilmente poderiam ser destacados como um elemento diferente até o século XX, eles não eram um grupo coletivo que tramava contra seus vizinhos.

Era, portanto, necessário que os nazistas promovessem a ideia infundada de uma iminente "ameaça" judaica, que só poderia ser combatida por meio de uma ação preventiva. Porém, como observou mais de um indivíduo que foi testemunha do "processamento" das vítimas dos campos, na época era como se todo o sistema tivesse sido posto em movimento com o objetivo de separar os judeus da Europa de suas posses e propriedades. Somente Hitler parecia não ter desejo de se beneficiar financeiramente da eliminação de seus inimigos imaginários.

A SS se provou a antítese dos Cavaleiros Teutônicos que o ex-criador de galinhas Himmler imaginava que eles fossem. Além de presidirem muitas das piores atrocidades da guerra (pelas quais foram taxados de organização criminosa em Nuremberg), os integrantes da SS se condenaram pelos inúmeros incidentes de roubo e corrupção registrados por seus próprios tribunais, que superaram largamente o número de crimes cometidos por membros do Wehrmacht.

Nos campos, os guardas da SS se serviam à vontade da montanha de objetos de valor deixados para trás na rampa (plataforma) pelos recém-chegados. Se não embolsassem esses itens, eles argumentavam, os guardas ucranianos ou lituanos, ou mesmo os habitantes locais, o teriam feito. Franz Hofbauer, administrador de Auschwitz, vangloriava-se de embolsar 10 mil reichsmarks em um único dia. Até mesmo os maquinistas aproveitavam a oportunidade para complementar seus salários. Eles se demoravam perto da rampa fingindo mexer no motor até os guardas terem ido embora, na esperança de pegarem alguma joia ou dinheiro esquecido ali.

As vítimas mais abastadas traziam joias, relógios e outros objetos de valor consigo na crença de que estavam sendo deportados para o leste, onde iriam começar uma nova vida sob a supervisão de seus mestres alemães. Alguns traziam o pouco dinheiro que conseguiam guardar costurado no forro dos casacos. Os alemães descobriram esse ardil logo no início e mandavam um grupo de prisioneiros vasculhar entre as roupas descartadas e rasgar qualquer uma que pudesse conter dinheiro. Em uma fábrica usada para pentear lã em Bremen, moedas foram encontradas no cabelo trançado cortado de diversas mulheres de Auschwitz.

A moeda alemã era depositada em uma conta designada da WVHA (*Wirtschafts-Verwaltungshauptamt*). A WVHA era a agência administrativa e econômica da SS, que servia de "câmara de compensação" para tudo o que era tomado das vítimas dos campos, como um juiz americano descreveu no julgamento pós-guerra do chefe da WVHA, Oswald Pohl. O restante era dividido entre os guardas. Uma quantidade tão grande de dinheiro era descartada que, em uma ocasião, um emissário foi enviado de Berlim a Treblinka para coletar 1 milhão de marcos e trazê-los de volta em uma mala para encher os bolsos de um funcionário nazista sem nome.

Também havia montanhas de comida. Os itens selecionados eram distribuídos entre os soldados da SS, seus colaboradores ucranianos e lituanos e os comandantes, que abasteciam sua despensa com carne, queijo, açúcar e chocolate que não teriam sido capazes de comprar em tais quantidades e tão prontamente no auspicioso mercado pararelo.

Depois de ser conduzida para fora da rampa, a nova leva era sujeita a um processo de seleção. Aqueles considerados jovens demais, velhos demais ou impróprios para o trabalho eram enviados pelo "tubo", um caminho de arame farpado que levava aos "chuveiros". Lá eles recebiam ordens de se despir e deixar seus óculos, relógios e sapatos. Até mesmo canetas-tinteiro de ouro eram consideradas objetos de valor pela SS, junto com relógios quebrados ou danificados que eram reparados por prisioneiros em Sachsenhausen antes de serem distribuídos a oficiais e homens das Forças Armadas.

As roupas das vítimas eram recolhidas e fumigadas, e as estrelas amarelas eram arrancadas antes de as peças serem empilhadas em cabanas e barracas à espera de serem expedidas para várias agências, aprovadas pelo Ministério da Economia do Reich. Algumas iam para o Gabinete de Ligação com os Alemães Étnicos, outra empresa da SS que apoiava o assentamento de alemães étnicos nos territórios ocupados no leste. Como Nikolaus Wachsmann observara no livro *KL: A History of the Concentration Camps* ["KL: Uma história dos campos de concentração"], desta forma, muitos alemães no exterior não apenas se apropriavam das casas e fazendas dos judeus expulsos como também de suas roupas.

Depois que cada grupo de recém-chegados tinha sido morto, um grupo de prisioneiros conhecidos como Sonderkommando revistava os corpos em busca de objetos ocultos de valor, removendo anéis e brincos antes de arrancar as obturações de ouro na boca dos mortos. Na segunda metade de 1944, 40 quilos de ouro e metal branco foram extraídos só das vítimas de Auschwitz, de acordo com um relatório secreto compilado pelos prisioneiros. Nada de valor deveria ser incinerado junto com os corpos. O cabelo das mulheres era cortado e coletado para fazer enchimento de colchões e para ser transformado em fio e em meias por empresas privadas sob a supervisão do Ministério da Economia do Reich.

O compositor polonês Henryk Górecki se lembra de ser levado a Auschwitz com a escola quando tinha 12 anos. Disseram-lhe que as cinzas humanas haviam sido espalhadas no terreno entre as cabanas como fertilizante, onde se cultivava repolho, e viu com os próprios olhos que ossos humanos triturados eram "jogados no caminho como cascalho".

Só não se reclamavam as fotos e as cartas pessoais. Estas eram queimadas.

Não obstante, considerava-se prudente matar os integrantes do Sonderkommando periodicamente e substituí-los por novos prisioneiros para assegurar que não houvesse testemunhas do ocorrido.

ASSASSINATO S/A

A SS conduzia seus negócios para quem quisesse ver. Não havia necessidade de segredos ou de subterfúgios. Todos os ganhos dos campos de extermínio eram devidamente registrados e depositados no Reichsbank, que creditava a conta na WVHA com o equivalente monetário dos bens roubados. A conta estava aberta em nome do SS Hauptsturmführer Bruno Melmer, porque era ele quem transportava o saque da sede da WVHA em Berlim para o banco, uma viagem que ele fez 76 vezes entre o verão de 1942 e o final de 1944.

Outras contas da SS usavam nomes fictícios como Max Heiliger (São Max) e foram registradas como *Reinhardfonds* ("Fundos de Operação Reinhard") ou *Besitz der umgesiedelten Juden* ("Propriedade de Judeus Reassentados"). O banco foi acusado de vender as joias e outros itens pessoais para casas de penhores em Berlim e depositar as receitas obtidas nas contas da SS; portanto, as alegações de ignorância de membros da SS depois da guerra não foram convincentes.

Além dos caixotes de objetos de valor retirados das vítimas, havia centenas de barras de ouro que tinham sido fundidas pela casa da moeda prussiana. Os funcionários do banco não viram razão para questionar a procedência do ouro e dos outros objetos e alegaram ignorância quando lhes exigiram explicar sua cumplicidade no roubo após a guerra. Quando Walther Funk, presidente do Reichsbank, prestou depoimento em Nuremberg em 1946, ele defendeu a participação do banco no genocídio ao alegar que muitas pessoas depositavam seus objetos de valor nos cofres e que o banco não tinha a exigência de perguntar a procedência dos itens.

O promotor então perguntou: "Vocês tinham o hábito de receber depósitos de dentes de ouro no Reichsbank?".

Funk só pôde murmurar "não" e negou conhecer o conteúdo dos sacos selados e dos caixotes mantidos em seus cofres. Mais tarde, ele admitiu: "Sou culpado de uma coisa: eu deveria ter dado o fora e não ter nada a ver com aqueles criminosos antes de qualquer coisa."

No livro *KL*, Wachsmann estima que o valor total do "saque" retirado só de Auschwitz e Majdanek "provavelmente somou várias centenas de milhões de reichsmarks", mas aponta que algumas de suas empresas faziam pouco sentido econômico. Ele dá o exemplo do processamento do cabelo das prisioneiras de Majdanek entre setembro de 1942 e junho de 1944, que levantou reles 365 marcos, menos do que o valor de uma única cigarreira de ouro adquirida durante a Operação Reinhard, o codinome dado ao plano de exterminar os judeus poloneses nos campos de extermínio de Belzec, Sobibor e Treblinka.

Ao contrário da crença popular, a SS não lucrava financeiramente com a locação dos prisioneiros para o programa de trabalho forçado tanto quanto foi sugerido. Embora o rendimento total da locação de trabalho escravo para o ministério de armamentos de Speer somasse estimados 200 milhões de marcos em 1943 e entre 400 e 500 milhões no ano seguinte, esse dinheiro ia para a chancelaria. Himmler foi persuadido a não reclamar demais já que os prisioneiros (que ele descrevia como "a maior reserva de mão de obra"), para todos os efeitos, eram propriedade do Estado e poderia haver vantagens para a SS se agisse em conformidade com o departamento de Speer. A indústria poderia ter olhos favoráveis a quaisquer pedidos de novas armas submetidos pelo Führer, e Himmler teria mais influência política se a economia de guerra dependesse de sua cooperação.

CORRUPÇÃO NOS CAMPOS

Como se as condições dentro dos campos já não fossem terríveis o suficiente, alguns funcionários da SS infligiam ainda mais privações nos prisioneiros roubando suas rações escassas e vendendo-as no mercado clandestino. Outros, como o sádico Amon Goeth, comandante de Plaszow, alimentavam seus cães com carne que era destinada

FUNCIONÁRIOS DA SS ROUBAVAM AS RAÇÕES ESCASSAS DOS PRISIONEIROS E AS VENDIAM NO MERCADO CLANDESTINO. AMON GOETH ALIMENTAVA SEUS CÃES COM CARNE DESTINADA AOS PRESOS

aos presos. Em dado momento, ele acabou demitido do posto por seus superiores por desviar para si itens de valor que deveriam ser entregues à SS. Depois de ser declarado insano, ele foi internado em um hospício, onde permaneceu até ser liberto pelos Aliados, que o julgaram e executaram por crimes de guerra.

Membros da elite de Himmler, a irmandade dos homens "decentes", como ele os chamava, alegaram que poupavam prisioneiros de espancamento ou de determinadas tarefas se eles pudessem pagar por isso, enquanto que outros se ofereciam para entregar mensagens pessoais mediante um preço. Alguns chegavam a privar os prisioneiros de uma muda de roupas e vendiam peças íntimas sem uso por alguns marcos para a população local. Além disso, vendiam itens destinados a outros prisioneiros aos internos que conseguiam esconder alguma coisa com valor de troca.

E a SS sabia que não tinha obrigação nenhuma de cumprir sua parte do trato.

Eles podiam ter levado a sério os discursos de Himmler e engolido o programa de doutrinação nas escolas de treinamento da SS, mas tão logo foram transferidos para os campos, viram que seus superiores podiam ser tão corruptos como quaisquer outros.

Theodor Eicke, o homem a quem Himmler confiara a reorganização dos campos sob o comando da SS, em maio de 1934, mantinha uma conta bancária secreta para onde desviava recursos. Ao mesmo tempo, porém, ele exortava seus homens a se adequarem aos mais altos ideais da SS. Eicke ficou famoso por ser o homem que atirou em Ernst Röhm, que estava preso em uma cela na Noite das Facas Longas, e dizem que só ficava atrás de Himmler em sua devoção fanática ao "código de honra" da SS.

Em março de 1933, apenas um ano antes de Himmler nomeá-lo comandante de Dachau e inspetor geral dos campos de concentração, Eicke estava confinado em uma clínica psiquiátrica após ter sido declarado violento e um "lunático perigoso". (O psiquiatra que o considerou apto a receber alta foi o dr. Werner Heyde, que se tornou o diretor do programa nazista de eutanásia). Eicke encorajava seus homens a serem brutais e lhes ordenava a não intervir quando os prisioneiros se jogassem contra as cercas elétricas em uma tentativa desesperada de pôr um fim à sua provação.

Por suas ordens também, os guardas deveriam testemunhar açoitamentos públicos, pois isso os endureceria. Além disso, de acordo com o autor Thomas Laqueur, Eicke promovia "uma cultura homoerótica nos campos fundamentada na brutalidade".

Um dos acólitos do Eicke era Rudolf Hoess, o futuro comandante de Auschwitz.

A INTRODUÇÃO DAS CÂMARAS DE GÁS

No início, os campos eram ineficientes em seus métodos de extermínio. Então, os comandantes foram informados de que seus superiores estavam perdendo a paciência e, assim, em desespero, eles começaram a experimentar vários métodos.

Em Sachsenhausen, Eicke testemunhou a eficiência da cabine de extermínio à prova de som, nas quais os prisioneiros de guerra (PDGs) entravam na crença de que passariam por um exame médico. Eles se sentavam em um banco e eram alvejados pela nuca, através de uma pequena abertura na cabine. Trezentos homens foram assassinados dessa forma, em um único dia, mas Eicke não ficou impressionado. Em seu retorno a Dachau, ele recorreu ao método antigo: reunir um grupo de vítimas em um campo aberto e dilacerá-las com metralhadoras. Dessa maneira ele se desfez de 4 mil prisioneiros de guerra entre setembro de 1941 e junho de 1942.

No entanto, não foi o suficiente para satisfazer seus superiores.

Os comandantes de Flossenbürg e Gross-Rosen preferiam injeções letais, o método aprovado pelos organizadores do Programa de Eutanásia da Ação T4, mas elas se mostravam dispendiosas e demoradas demais. Foi só depois da introdução das câmaras de gás, construídas para esse propósito, em setembro de 1941, que os nazistas se deram conta de que tinham encontrado a solução que buscavam. Em um experimento, centenas de prisioneiros de guerra soviéticos foram asfixiados a gás em Auschwitz usando cristais de Zyklon B, um pesticida à base de cianeto. Porém, houve complicações. O gás não foi suficientemente rápido devido à má ventilação, e os corpos precisaram ser transportados aos incineradores – ou "os fornos", como os operadores os chamavam – um de cada vez. A solução era simples. As câmaras de gás teriam que ser construídas com ventilação adequada, e os crematórios precisavam ser localizados na mesma área.

No final do ano, as câmaras de gás haviam se tornado uma característica típica de muitos dos campos de extermínio. Dois problemas persistiram, no entanto. Como condicionar os guardas a participarem do assassinato em massa de civis, hora após hora, dia após dia, e como arrebanhar as vítimas em câmaras de gás sem o risco de resistência.

INCENTIVOS DUVIDOSOS AOS PRISIONEIROS

O desprezo de Eicke pelos prisioneiros encorajava seus homens a agredi-los e a explorá-los. Logo se espalharam entre os campos rumores de que o inspetor geral Eicke olharia com bons olhos aqueles que cumprissem seus deveres sem piedade.

Após o influxo dos "judeus de novembro" em Buchenwald, assim chamados porque foram cercados e aprisionados na manhã seguinte à Noite dos Cristais, homens da SS tiveram um rompante de gastos: compraram roupas caras e carros de luxo com as "doações" que obtiveram da nova leva de prisioneiros.

No entanto, o dinheiro não era a única forma de moeda a ser extraída dos presos vulneráveis. A adoção dos bordéis (conhecidos como *Sonderbauten*, ou "prédios especiais") nos campos, a partir de outubro de 1941, foi outra das iniciativas perversas de Himmler. Ele imaginava que homens esquálidos e famintos que passavam todos os dias temendo pela própria vida poderiam ser persuadidos a trabalhar ainda mais se lhes fosse ofertado o incentivo do sexo. Na prática, poucos estavam dispostos a fazer uso das novas instalações, que se tornaram ainda menos atraentes pois os prisioneiros teriam de se submeter a um procedimento humilhante que exigia exames médicos e a redação de uma carta ao comandante com um pedido de permissão. Frequentemente, os que persistiam eram os privilegiados Kapos,[11] que enfrentavam a fúria dos prisioneiros sempre que visitavam o mencionado prédio na extremidade do campo.

Outros incentivos incluíam o "privilégio" da permissão de escrever mais cartas a parentes sobreviventes (com nenhuma garantia de que eles ainda estariam vivos para lê-las), rações extras, pagamentos nominais, tíquetes praticamente inúteis e cigarros. Estes últimos só eram fornecidos a prisioneiros homens, já que Himmler se opunha à ideia de que mulheres recebessem permissão de fumar. Inevitavelmente, uma vez que os internos obtinham qualquer um desses incentivos duvidosos também se sujeitavam ao abuso dos guardas, que ameaçavam não entregar o prometido se os prisioneiros não cumprissem ordens ou o embolsavam por pura maldade.

Aos prisioneiros restava apenas roubar uns dos outros para sobreviver mais um dia. Em Majdanek, muitos tiveram que trocar suas roupas e sapatos com os guardas por uma caneca de água, enquanto que um grande número morria de sede. Para os que eram transportados aos campos e sobreviviam, fossem judeus, ciganos, homossexuais perseguidos, Testemunhas de Jeová ou presos políticos, a vida era um incessante inferno na terra. Por outro lado, para o comandante, sua

11 Prisioneiros designados pela SS para supervisionar os demais. (N. E.)

equipe e a SS, aqueles eram, como definiu Franz Stangl, comandante de Treblinka, "os dias felizes".

O PROPÓSITO DOS CAMPOS

Laurence Rees, historiador e documentarista, concluiu que Auschwitz e os outros campos foram concebidos primariamente como centros industriais geradores de renda, projetados para extrair o lucro máximo de uma mão de obra não remunerada e infinitamente substituível. O fato de que os campos também forneciam um meio econômico de eliminação dos judeus e outros "elementos indesejáveis" era um bônus.

Embora Rees não o diga, os guardas e os funcionários eram condicionados a considerar seu papel como nada além de supervisores de um processo industrial em que a eficiência e a produtividade eram consideradas primordiais. O entusiasmo indisfarçado que sentiam por seu "trabalho" e a falta de humanidade que exibiam no desempenho das suas funções demonstram o grau ao qual tinham sido doutrinados pela ideologia nazista. Embora muitos dos trabalhadores nos campos fossem indiferentes ao que testemunhavam, outros evidentemente usavam sua autoridade como uma válvula de escape para seu sadismo latente e seu desejo de humilhar, dominar e degradar aqueles que eles desprezavam, quer fossem judeus, homossexuais, ou qualquer um que se atrevesse a olhá-los nos olhos.

Göring tinha previsto esses locais inicialmente como "acampamentos" punitivos para prisioneiros políticos, opositores e dissidentes, mas esse conceito logo foi substituído pela compulsão de se encontrar uma "Solução Final" para a obsessão patológica que seu Führer nutria pelos judeus e o desejo de seus seguidores de lucrar com isso, quer em termos financeiros ou satisfazendo seus próprios desejos nefastos.

GÖRING, GOEBBELS E HITLER: NÃO HÁ HONRA ENTRE LADRÕES

"Durante uma guerra, todos saqueiam um pouco. Nenhum dos meus chamados 'saques' era ilegal."
HERMANN GÖRING, 1946

O SENHOR DA EUROPA

O semblante de ambos diz tudo. Göring está sorrindo de orelha a orelha, enquanto que, ao seu lado, Hitler se permite um sorriso de satisfação. É primavera de 1940, e a dupla tem a Europa a seus pés, ou melhor, de joelhos. A aposta estratégica de Hitler valeu grandiosamente a pena. Contra todas as expectativas, o Wehrmacht sufocou os exércitos francês, belga e holandês, encenando um ataque blindado inesperado pelas estradas estreitas e sinuosas das Ardenas, massacrando seus inimigos históricos em apenas seis semanas e deixando a chocada Força Expedicionária Britânica nas praias de Dunkirk, de costas para o mar.

Os alemães vitoriosos não podem acreditar em sua sorte. Todas as dúvidas sobre a capacidade do cabo austríaco como líder militar foram dissipadas e, com elas, qualquer chance de o Alto Comando derrubar a ditadura com um golpe militar. Hitler conseguiu o impossível: reverter a derrota humilhante de 1918 e restaurar o orgulho da Alemanha, cumprindo, assim, o papel de salvador do povo alemão, que ele acreditava ter recebido da Providência Divina. As multidões que tomaram as ruas de Berlim para saudar seu Führer vitorioso estavam eufóricas, em um misto de gratidão e alívio, pois muitos temiam a repetição do impasse de 1914-18.

Contudo, os conselheiros militares de Hitler estavam intrigados. Em vez de acabar com os britânicos em preparação para uma invasão posterior, Hitler ordenou que seus tanques recuassem: um erro fatal que permitiu à Força Expedicionária Britânica encenar um salvamento milagroso dos remanescentes de seu exército para que pudessem lutar num outro dia, embora tenham tido que abandonar seu armamento pesado e veículos blindados na França.

Nada disso parece perturbar Hitler, que aproveita a oportunidade para um breve passeio turístico em Paris. Como senhor da Europa, agora ele tem no bolso a chave para as grandes casas de tesouro da

França e da Holanda. Os cofres dos bancos estão abertos para ele, os conteúdos de caixas particulares de depósitos, além dos depósitos em ouro do governo, estão a seu dispor, basta pedir, assim como o conteúdo precioso das galerias de arte e dos museus da Europa. Há lacunas aparentes nas paredes das casas de arte onde antes havia muitas obras inestimáveis, pois um certo número delas foi subtraído nos últimos dias caóticos da retirada aliada. No entanto, havia demasiadas para serem escondidas. O avanço alemão foi tão veloz que os curadores e proprietários precisaram dar o máximo de si para conseguirem se salvar.

Em uma galeria, Hitler posa para uma foto com Göring; a dupla admira *A falcoeira*, do mestre austríaco Hans Makart, suspensa para sua avaliação por dois homens uniformizados da SS. A legenda nos jornais alemães vai dizer: "O Führer presenteia Reichsmarschall Göring, em agradecimento por seu papel em nossa vitória histórica." O Führer é muito generoso. Por outro lado, ele não precisa pagar pelos presentes que dá.

No devido tempo, o presente do Führer será registrado em um livro contábil de linhas apertadas e duzentas páginas, mostrando o título da pintura e o nome do artista, juntamente com uma breve descrição, a data em que foi adquirida, sua destinação e o nome da coleção ou proprietário anterior. Os que foram desprovidos de seus pertences eram alguns dos comerciantes e colecionadores de arte mais proeminentes da Europa, entre eles os Rothschild, os Rosenberg e os Wildenstein, pois agora coleções particulares também eram parte dos espólios de guerra. Vingança desempenhou seu papel na vitória de Hitler assim como a oportunidade de ordenar a apreensão de qualquer pintura, escultura, tapeçaria ou objeto pertencente aos abastados colecionadores judeus que ele tanto desprezava.

Todos os itens no catálogo de Göring causariam inveja em qualquer colecionador de arte. A *Vênus* de Jacopo de Barbari, comprada em Roma em abril de 1933 pelo valor nominal de 12 mil liras, era um

A COLEÇÃO DE ARTE DE GÖRING ESBANJAVA 250 ESCULTURAS E 168 TAPEÇARIAS, COM MUITOS NUS ENTRE SEUS 2 MIL QUADROS ROUBADOS.

exemplo. Os itens seguintes também registram quantias insignificantes e constituem a coleção Hermann Göring, uma das maiores coleções particulares de arte inestimável no mundo. Porém isso empalideceria em comparação ao tesouro adquirido para o proposto Führermuseum, o museu do Führer, em Linz.

No total, a arte roubada representou o maior caso de roubo organizado na história, sendo que esse montante, em 1945, era superior a 160 milhões de libras (200 milhões de dólares).

A "PAIXÃO" DE GÖRING POR ARTE

Os detalhes desse empreendimento criminoso nunca se tornariam de conhecimento público se não fosse por Rose Valland, curadora não oficial do museu Jeu de Paume, em Paris, durante a ocupação. Foi ela que manteve um registro secreto das visitas periódicas de Göring ao museu (foram em torno de vinte), de forma que as pinturas preciosas depois pudessem ser rastreadas e, esperava-se, devolvidas ao museu ou a seus proprietários de direito.

Foi devido à coragem dela que a Resistência Francesa recebeu informações sobre os últimos trens carregando a arte saqueada de Paris para Berlim e pôde interceptá-los. Depois da guerra, ela explorou o leste europeu e rastreou as pinturas roubadas. Foi durante a sua caça pessoal ao tesouro que ela calhou de encontrar o livro contábil particular de Göring detalhando as mais de vinte visitas que ele fizera ao Jeu de Paume em busca de novas aquisições para complementar sua coleção.

Göring viria a admitir ter uma "paixão" por colecionar arte durante o julgamento que punha sua vida na berlinda, em Nuremberg, em 1946, e por fazer um esforço pessoal de adquirir os impressionistas franceses para sua segunda esposa, Emmy. Ele era o homem que tinha tudo e, se não possuísse algo, só precisava pedir para que lhe fosse entregue. No entanto, nem mesmo Göring se atreveu a se aproveitar de peças da pilha separada para o Führermuseum, da qual dizia-se compreender 5 mil obras de arte. Porém, uma vez que os itens haviam sido alocados em Linz, era cada homem por si.

Göring não tinha nenhum gosto específico por mestres abstratos e surrealistas, mas lhe ocorreu que as pinturas de Dali e Picasso acabariam destruídas pelos funcionários zelosos do partido, simplesmente porque essas peças eram destinatárias do desprezo do Führer. Em especial, porque ele poderia vendê-las para outros membros do regime que não vissem nenhum problema em colecionar "arte degenerada" e que depois ficariam em débito com ele.

O Reichsmarschall pode ter adquirido uma coleção invejável, mas não era um colecionador perspicaz. Entre as pinturas que ele vendeu ou trocou por obras inferiores estavam o *Retrato de dr. Gachet*, de Van Gogh, que foi leiloado em Tóquio, em 1990, por um valor recorde de 82,5 milhões de dólares, e duas obras inestimáveis de Matisse (*Natureza morta com mulher adormecida* e *Pianista e jogadores de damas*), as quais ele trocou por um nu comum de um pintor holandês menor do século XVII, Jan van Neck.

Embora Göring não expressasse nenhum interesse em "arte degenerada", parece que tinha uma preferência distinta por nus. Nancy Yeide, chefe dos registros curatoriais na Galeria Nacional de Arte de Washington, passou sete anos documentando a coleção de arte de Göring, que esbanjava 250 esculturas e 168 tapeçarias, e descobriu que havia um "número desproporcional de nus" entre seus 2 mil quadros roubados.

A EXPOSIÇÃO DE ARTE DEGENERADA

Göring é comumente associado ao roubo de arte em grande escala dos nazistas, mas seu implacável rival Goebbels também foi cúmplice na aquisição questionável de obras de arte de valor inestimável.

Em 1937, o Ministro do Esclarecimento e da Propaganda – um título que Goebbels odiava – organizou uma exposição chamada *Entartete Kunst* ("arte degenerada"), compreendendo pinturas, gravuras e esculturas que haviam sido removidas das galerias públicas por serem consideradas antigermânicas e ofensivas para as sensibilidades arianas. Foi encenada como uma exposição escabrosa paralela ao evento principal, a Grande Exposição de Arte Alemã, que havia sido montada para celebrar a abertura da Casa de Arte Alemã na Prinzregentenstrasse, a uma pequena caminhada de distância da residência particular oficial de Hitler.

Era de conhecimento comum que Hitler tinha uma aversão à arte moderna em todas as suas formas, que vinha fermentando desde que havia sido recusado pela Academia Vienense de Belas Artes, em 1907. O artista amador de 17 anos havia culpado sua rejeição aos judeus da banca examinadora, que tinham sugerido que ele pudesse preferir estudar arquitetura, embora Hitler soubesse que sem um diploma de ensino médio ele não poderia se candidatar a uma vaga no curso.

Seus esboços em aquarela dos pontos turísticos de Viena eram toscos e vendiam mal, o que o forçou a passar fome e a dormir ao relento até que ele recebesse uma pequena herança de uma tia. No entanto, o sufocamento de suas ambições artísticas o deixou amargurado e o fez procurar alguém em quem pôr a culpa. Seu ressentimento acabou ainda mais inflamado depois que ele leu *Entartung* ("Degeneração"), uma crítica à arte e à literatura da virada ao século. O autor, Max Nordau, um judeu húngaro, interpretara a abstração em arte moderna (especificamente o trabalho dos simbolistas, mas também da literatura "decadente" escrita por autores tais como

Wilde, Ibsen e Zola) como uma característica de mentes doentias. Ele equiparava sua rejeição ao realismo, ou ao representacionalismo clássico, com um declínio moral alarmante que, por sua vez, ele argumentava, dera origem ao antissemitismo. Esse último ponto parece ter iludido Hitler, que foi persuadido pelos argumentos de Nordau a condenar tudo a respeito do Impressionismo e do Expressionismo como sintomático da conspiração judaico-bolchevique concebida para corromper a civilização ocidental.

Goebbels sabia que o Führer teria um interesse pessoal nas galerias de pinturas e esculturas aprovadas pelo nacional-socialismo, que idealizavam a forma humana e exaltavam as virtudes e os prazeres simples da vida rural ou ofereciam cenas de autossacrifício heroico e camaradagem sob fogo. Goebbels também pretendia cair nas boas graças do Führer ao ceder ao desapreço violento do líder pela arte moderna. Assim, insistiu que cada peça na exposição de "arte degenerada" recebesse um rótulo com comentários de desprezo, para garantir que despertasse no público a reação de horror exigida.

Goebbels também viu a chance de conseguir uma bela soma ao atrair multidões de amantes de arte e dos meramente curiosos, que pagariam de bom grado para ficarem boquiabertos e darem risinhos maldosos diante dos exemplos mais provocantes do Dadaísmo, do Futurismo e do Cubismo. Um folheto de publicidade explicava que os itens na exposição eram "a flor venenosa de uma planta parasita judaica cultivada em solo alemão", adicionando, de forma ameaçadora: "Esta é a prova mais forte da necessidade de uma solução radical para a questão judaica."

No entanto, até mesmo o normalmente astuto Goebbels foi surpreendido pela popularidade da exposição de arte "proibida", que atraiu 2 milhões de visitantes, em contraste aos 500 mil que pagaram para ver as esculturas neoclássicas dos artistas oficiais nazistas Arno Breker e Josef Thorak e as pinturas bucólicas de Adolf Wissel e Ludwig Dettmann.

Para compensar, o regime foi forçado a comprar as esculturas não vendidas de Breker e Thorak, assim como os trabalhos de Wissel e de Dettmann. Goebbels foi culpado por essa humilhação, mas rapidamente se recuperou ao sugerir que a arte degenerada confiscada pudesse ser eliminada discretamente sendo vendida para colecionadores particulares no exterior. A receita seria usada para financiar o rearmamento ou adquirir "velhos mestres" para o proposto Führermuseum que Hitler planejava para Linz.

O NEGOCIANTE DE ARTE DE GOEBBELS

Assim que esse estratagema foi aprovado, Goebbels convocou a Comissão para a Exploração da Arte Degenerada, um comitê de quatro homens presidido por Hildebrand Gurlitt, um ex-curador de museu e especialista em arte com conhecida ascendência judaica, porém, com conexões valiosas com negociações de arte, colecionadores e museus no exterior. Acredita-se que Hildebrand adquiriu mais de 300 obras de arte de valor inestimável para sua própria coleção particular por um preço simbólico, comprando-as com moeda estrangeira segundo as instruções de Goebbels. Argumentou-se que algumas das pinturas não tinham um valor tão alto assim na época, mas os lastimáveis preços baixos pagos por Gurlitt e outros comerciantes autorizados pelos nazistas por tais obras nunca teriam sido aceitos se a vida e a liberdade dos proprietários não estivesse em jogo.

Depois da queda da França, em 1940, Gurlitt fez visitas frequentes a Paris para adquirir arte de judeus desesperados para partir antes da próxima investida nazista. Alguns acreditavam estarem confiando suas heranças de família a companheiros judeus temporariamente até que pudessem reavê-los após a guerra. Alega-se que Gurlitt também fazia rondas nas casas de leilão da capital, escolhendo peças de alto valor nas chamadas "liquidações forçadas", que ofereciam arte que os proprietários se sentiam compelidos a vender para pagar suas passagens para o exterior. Foi a época do Imposto de Voo do Reich, e da Arrecadação dos Judeus Abastados, ambos esquemas nazistas insidiosos arquitetados para depenar judeus prósperos de suas economias.

Depois, em 1943, tendo provado seu valor ao Reich, foi-lhe confiada pessoalmente a aquisição de peças de arte para o proposto Führermuseum. Em cada transação, Gurlitt recebia uma comissão de 5%, que logo o tornou um homem muito rico. Dizia-se que ele usava sua autoridade para entrar em lares abandonados de emigrantes judeus e remover de lá o que ele desejasse. Também se alegou que ele deu ordens de abrirem um cofre bancário em Bordeaux, do qual retirou uma grande obra de Matisse, *Mulher Sentada* (pintada em 1921), pertencente ao amigo do pintor, Paul Rosenberg, que fugira para os Estados Unidos. Acredita-se que é a pintura mais valiosa dentre todas as que Gurlitt reuniu para sua coleção particular, com um valor estimado entre 5 e 6,5 milhões de libras (6,4 e 8,3 milhões de dólares).

Gurlitt depois afirmou que só tinha concordado em ser o negociante de arte de Goebbels porque isso significava ser poupado de uma passagem só de ida para Dachau. Entretanto, ter uma avó judia e, portanto, qualificar-se como um *Mischling* (pessoa mestiça) de segundo grau não era uma condição automática para os transportes. Ele pode até ter acreditado que, comprando arte, estaria dando aos perseguidos uma chance de fugir da captura, mas o fato que permanece é que ele estava acumulando uma vasta coleção particular de arte por uma fração de seu verdadeiro valor. Isso incluía peças de Chagall, Matisse, Picasso, Dürer, Delacroix, Renoir e Canaletto: uma coleção que acabaria por somar mais de 1200 pinturas, gravuras e impressões, avaliadas depois da guerra em mais de 800 milhões de libras (1 bilhão de dólares).

Entretanto, por mais substancial que fosse o acervo de Gurlitt, era apenas a ponta do iceberg de tesouros saqueados pelos nazistas durante seus doze anos de reinado de terror. Acredita-se que 650 mil obras de arte variadas, incluindo pinturas, impressões, esculturas, tapeçarias, livros, móveis antigos e objetos de arte variados foram roubadas pelos nazistas, a maioria dos quais permanece não reclamada pelos seus proprietários de direito ou respectivos herdeiros.

UMA FRANÇA DIVIDIDA

Seguindo a assinatura da rendição, que ocorreu no mesmo trem em que os alemães haviam assinado o armistício de 1918, o governo nazista dividiu a França em uma zona ocupada e outra desocupada. A zona ocupada, ao norte, continha a maior parte da indústria do país, a maioria da população e os melhores vinhedos ou *grand crus*. O restante foi deixado para um governo fantoche sob o idoso Marechal Pétain, o que era chamado comum e desdenhosamente de regime de Vichy, implicando que Pétain e seus ministros não eram mais do que meros colaboradores. O respeito do povo francês pelo herói de Verdun logo foi substituído pela raiva gerada quando Vichy adotou as políticas nazistas sob as quais os judeus foram despojados de sua cidadania, os sindicatos foram abolidos, os comunistas e maçons foram aprisionados e as mulheres foram proibidas de ter profissões. Os valores defendidos pela república de "Liberdade, Igualdade, Fraternidade" foram abandonados em troca da máxima insidiosa de "Travail, Famille, Patrie" ("Trabalho, Família, Pátria"), ecoando o slogan nazista "Kinder, Küche, Kirche" (Filhos, Cozinha, Igreja").

Na Alsácia, o idioma francês foi relegado à clandestinidade, e seus habitantes eram ameaçados com a deportação caso se atrevessem a falar sua própria língua. Todos os símbolos externos das ligações históricas da região com a França foram apagados. Até mesmo as placas de rua foram substituídas por seu equivalente em alemão, e os vinicultores da região descobriram que agora estavam restritos a vender para os alemães por preços que as forças de ocupação determinavam como "justos e razoáveis".

Mais perturbador para os habitantes locais era a ordem direta de que seus filhos se unissem à Juventude Hitlerista, e o recrutamento de todos os homens jovens ao exército alemão.

A divisão da França foi uma jogada cínica e perspicaz em prol dos nazistas, que de pronto foram livrados da responsabilidade e da força de trabalho exigidas para administrar uma área do tamanho de dois quintos do país, então inundada por uma estimativa de 10 milhões de refugiados que fugiam de seus lares no norte. Também dava aos alemães carta branca para saquear os recursos e tesouros da zona ocupada.

VINHO

"Quem lucrou verdadeiramente com essa guerra fomos nós e decorrente disso devemos explodir de gordura! Não vamos devolver nada e tomaremos tudo o que pudermos usar."
ADOLF HITLER

Hitler não bebia vinho – aliás, a única vez em que provou um vinho francês de boa safra, ele o desqualificou como "vinagre vulgar" –, mas não viu razão para que isso o impedisse de entesourar meio milhão de garrafas de alguns dos melhores champanhes, conhaques e vinhos do porto franceses em uma caverna acima do Ninho da Águia, em Berchtesgaden. (Esse foi o nome dado à estrutura no alto de Berghof, a residência de verão do Führer. Foi projetada por Bormann como um presente pelo quinquagésimo aniversário de Hitler, embora ele raramente a usasse.) Vinho de boa safra, afinal de contas, era tão precioso como qualquer outra mercadoria escassa. Era tão desejável como uma obra de arte inestimável e como um investimento em tempos incertos.

Os vinhos raros conseguiam preços altos e, ali, ao pé dos Alpes, protegidas atrás de espessas portas de aço, havia pessoas de riqueza inestimável – a riqueza das vinhas mais eminentes em Bordeaux, na Borgonha, e em Vouvray, no vale do Loire. Château Latour, Château Lafite-Rothschild, Château Mouton Rothschild, Romanée-Conti e Château d'Yquem. Rótulos para deleitar a paleta dos enófilos.

Era uma visão impressionante: caixote em cima de caixote, empilhados até o teto e estendendo-se para o fundo até ficarem cobertos por sombras. Os antigos proprietários ficariam horrorizados ao ver como seus preciosos produtos estavam sendo armazenados, mas eles sabiam que tinham sorte de perder apenas sua mercadoria. Embora 1940 possa não ter sido uma boa safra para o vinho francês, foi um bom ano para os conhecedores alemães de vinho. Eles poderiam pegar o que quisessem das adegas mais bem abastecidas no norte da França e não tinham de pagar um centavo por nada. Nem sequer tinham de incorrer no custo de transportar a carga de volta para a Alemanha. Os trens franceses foram requisitados para transportá-la através da fronteira, conduzidos por maquinistas e engenheiros franceses na ponta de uma arma carregada.

Contudo, os produtores franceses de vinho perderam mais do que apenas a mercadoria. O saque por atacado de suas adegas e a ocupação de suas vinhas pelos odiados "boches"[12] significou uma perda humilhante do orgulho e da identidade nacionais. A vinificação era uma arte sagrada confiada àqueles que tinham aprendido seus segredos alquímicos. Em reconhecimento disso, o governo francês permitia que os vinicultores atrasassem seu alistamento até o período de colheita, e enviava destacamentos militares de trabalho para as vinhas, a fim de ajudá-los nesse processo.

ESCONDENDO AS GARRAFAS

Nem precisavam ter se incomodado. Naquele ano, a safra foi extremamente pobre. O culpado foi o mau tempo, mas os camponeses já estavam prevendo. Havia um ditado naquela parte da França: uma colheita ruim significa a chegada da guerra. Enquanto a guerra se arrastava, a qualidade das uvas seria medíocre e somente ao fim dela é que se obteria uma boa colheita. Os alemães seriam bem-vindos para a colheita amarga dos tempos de guerra. Porém, os estoques de bom vinho eram outra questão. Eram uma herança de família e deveriam ser protegidos a todo custo. Na verdade, eram mais do que isso. Eram um símbolo do orgulho nacional francês, ou como o ex-primeiro-ministro Edouard Daladier descreveu: "A joia mais preciosa da França."

GRAÇAS AO RESPIRO, VINICULTORES FRANCESES PUDERAM ESCONDER SEU ESTOQUE MAIS PRECIOSO DE MANEIRAS ENGENHOSAS.

Graças ao respiro oferecido pela chamada "guerra de mentira" – os oito meses de estranha calmaria que se seguiram à declaração de guerra em 3 de setembro de 1939 –, vinicultores franceses espertos conseguiram esconder parte de seu estoque mais precioso de maneiras engenhosas.

12 *Boche* foi um termo pejorativo usado na França para se referir aos alemães durante o período de guerra. Trata-se de um diminutivo de *caboche* (repolho) e significa tanto "cabeçudo" quanto a pessoa de raciocínio lento. (N. E.)

Homens como Maurice Drouhin armazenaram dezenas de milhares de garrafas em cavernas debaixo de Beaune, a capital do vinho da Borgonha na Côte d'Or. O labirinto de cavernas oferecia uma abundância de esconderijos naturais. Em um deles, Maurice construiu uma parede falsa para proteger seu estoque de Romanée-Conti de boa safra, enquanto sua esposa e filhos recolheram aranhas para colocar ao pé dessa parede, onde, esperava-se, elas fariam teias que pudessem disfarçar os novos tijolos e o cimento fresco.

Em outros lugares, produtores de vinho estavam utilizando seus armazéns subterrâneos para esconder armas e quaisquer pertences que eles não desejavam que fossem apreendidos pelos invasores. A escala da operação pode ser inferida pelo fato de que os menores produtores de champanhe buscaram esconder o suficiente para preencher 100 mil garrafas, uma fração do que as maiores casas tentaram ocultar no labirinto das cavernas de pedra calcária que perfuravam a região.

Não foram apenas os produtores de vinho os acometidos por um pânico de proteger seus estoques valiosos naquele mês de maio. André Terrail, dono de restaurante, passara uma vida inteira formando uma das mais distintas adegas em Paris e não estava preparado para vê-la cair nas mãos do "antigo inimigo". Seu restaurante, La Tour d'Argent, no cais de la Tournelle, era renomado por sua gastronomia e pela carta de vinhos de 400 páginas, que exibia garrafas que datavam da época de Napoleão. Atraía estrelas de cinema como Charlie Chaplin e Marlene Dietrich, enquanto que escritores tais como Ernest Hemingway e Marcel Proust haviam celebrado os pratos e distinta atmosfera do restaurante em seus escritos.

Quando notícias da invasão alemã alcançaram Claude, o filho de André em Lyon, ele tirou uma licença de emergência da força aérea para tentar salvar as garrafas mais valiosas, dizendo que ser um francês significava lutar tanto pelo país como por seu vinho. Ele e um pequeno grupo de trabalhadores conseguiram armazenar 20 mil garrafas antes que o Wehrmacht marchasse para encontrar boa parte da capital deserta.

Um emissário do Ministério do Ar de Göring chegou em questão de horas e exigiu que lhe mostrassem as famosas adegas, especialmente as garrafas de 1867. Foi informado de que as garrafas haviam sido bebidas e assim ele foi levado às adegas para ver com os próprios olhos. Depois de uma busca infrutífera de duas horas, o alemão não teve escolha senão admitir a derrota. Entretanto, não saiu de mãos abanando, pois ordenou a apreensão das 80 mil garrafas restantes. A mesma estratégia foi adotada por todo o norte da França por donos de hotéis e restaurantes, que estavam determinados a impedir que os alemães colocassem as mãos em seus vinhos mais nobres.

A FARRA DO CHAMPANHE

O primeiro passo do Wehrmacht, ao ocupar Bordeaux, foi aquartelar os soldados nos numerosos castelos da região. Os proprietários receberam ordens de partir imediatamente e foram autorizados a levar só o que pudessem carregar consigo. Alguns tiveram a previdência de mover seus itens de valor e antiguidades para o sótão, enquanto que outros receberam autorização de levar os móveis quando partissem.

A família Miaihles carregou sua mobília do tempo de Carlos X e sua coleção de arte do início do século XIX para o sótão e depois arrastou um armário pesado na frente de uma porta que descia para a adega de vinho. No entanto, os alemães que ocuparam o castelo não eram tolos e logo descobriram a porta escondida e a adega. O oficial comandante repreendeu a família por tentar enganá-los, mas pareceu mais ofendido pelo fato de que eles evidentemente acreditavam que os oficiais e seus homens fossem ter saqueado o lugar como bárbaros. "Vocês acham que somos ladrões?", ele lhes perguntou.

Se o comandante soubesse que a família estava abrigando amigos judeus em outro castelo, certamente não teria permitido que saíssem dali vivos.

No entanto, a família teve imensa sorte. O oficial manteve a palavra e nenhum vinho pertencente aos Miaihles foi tocado. Nem todos os alemães tiveram tanta consideração. Por todo os meses de junho e julho, eles saquearam impunemente e beberam garrafas de champanhe de boa safra com o mesmo descuido que se teria com um vinho barato de mesa.

Na aldeia de Mesnil-sur-Oger, um comboio de 15 veículos parou na frente da casa de champanhe Delamotte. Um jovem oficial alemão saiu do veículo da frente e anunciou que o marechal de campo Göring tinha lhe dado ordens para confiscar os estoques de champanhe. Ao longo dos dias seguintes, centenas de caixas foram removidas das adegas das casas de champanhe mais prestigiadas. No total, retirou-se da região que dá nome a esse espumante uma quantidade estimada de 2 milhões de garrafas, junto com qualquer outra coisa que atraísse o interesse dos invasores. Alimentos, roupas e caixas de vinho caro formavam pilhas altas nas praças da aldeia, diante dos olhos dos impotentes habitantes. Bernard de Nonancourt, de dezessete anos, trabalhou para Delamotte e se recorda de que os homens a serviço de Göring eram mais "brutais" e "jogavam no mercado clandestino".

O Gordo não pedia desculpas por absolutamente nenhum comportamento de seus homens.

"Minha intenção é saquear", ele disse para a Autoridade de Ocupação, "e saquear copiosamente."

Com ousadia e descaramento, Göring roubou para abastecer suas próprias adegas, que esbanjavam uma das melhores coleções de vinhos raros e de boa safra do Reich. O Reichsmarschall considerava que a vitória sobre os franceses tinha lhe dado o direito de se apropriar das melhores garrafas para seu próprio uso. Göring sentia um prazer especial em abrir uma garrafa de Lafite-Rothschild tarde da noite. Nesses momentos, ele se tornava incomumente sociável. Albert Speer sempre considerara Göring rude e inacessível, mas se lembrava de que só o encontrava agradável quando dividiam uma garrafa de Lafite-Rothschild. O apreço especial de Göring por champanhe de boa safra e a aversão de Hitler a qualquer tipo de álcool pode ter sido a razão pela qual o Reichsmarschall limitava suas visitas a Berghof à mínima quantidade possível.

Hitler era notório por seus monólogos intermináveis, que consistiam de reminiscências desconexas e sermões monótonos que seus convidados regulares sabiam de cor. Para ficarem acordados até de madrugada e disfarçarem a falta de interesse, eles bebiam vinho espumante e champanhe, que, aliás, eram invariavelmente de segunda categoria, uma vez que Göring já se apropriara das melhores garrafas para si.

Assim que a onda de saques terminou e as relações comerciais com a população foram postas em bases mais regulares, Göring passou a exercer seus poderes como governante da política econômica para os países ocupados usando o artifício de desvalorizar o franco, de forma que os soldados alemães podiam comprar mais com os seus marcos. O que quer que eles não tomassem por força, agora poderiam comprar por uma fração de seu valor verdadeiro. Perfumes franceses, itens de moda e cosméticos eram mandados para casa pelos carregamentos de caixas, e amplas quantidades de champanhe e conhaque caros eram consumidos por soldados eufóricos ao saborear as recompensas de uma vitória rápida e inesperada.

Porém, dividir os despojos de guerra expunha as divisões que existiam dentro da liderança nazista. Göring enxergava a França como nada mais do que uma municipalidade subjugada de propriedade do Reich e, portanto, desejava exaurir seus recursos, enquanto que o Ministro das Relações Exteriores e ex-vendedor de champanhe Von Ribbentrop argumentava que seria do interesse da Alemanha permitir à França certo grau de soberania. Neste último caso, poder-se-ia persuadir os franceses de que colaborar poderia ser do seu interesse.

COMERCIANTES DE VINHO NAZISTAS

A fim de promover uma relação de trabalho com os franceses, o saque tinha que parar e o vinho precisava ser pago. No entanto, Göring sabia que não se poderia esperar que um soldado comum soubesse distinguir um Borgonha de um Bordeaux, e assim ele estabeleceu uma unidade especial de conhecedores de vinho experientes recrutados do comércio alemão de vinhos. A esses *wineführers* ("führers do vinho") alemães, como a população local os chamava, foi instruído que não fizessem uma oferta generosa demais aos produtores franceses para que o vinho pudesse ser revendido com grande lucro, ajudado pela desvalorização do franco. Infelizmente para Göring, os homens a quem ele confiou essa tarefa eram velhos amigos dos principais produtores de vinho francês, que tinham aprendido seu ofício nas mesmas vinhas e casas de champanhe que agora eles estavam recebendo as ordens para ludibriar. Homens como Otto Klaebisch, Adolphe Segnitz e Heinz Bomers vinham fazendo negócios com as casas de champanhe francesas muito antes de Hitler chegar ao poder e esperavam fazê-lo depois que a guerra terminasse. Havia um respeito mútuo que até mesmo o zelo nacional-socialista não poderia destruir.

O pai de Bomers fora um senador no governo de Bremen em 1930, momento em que Göring foi primeiro-ministro da Saxônia Central e, na época havia se recusado a se encontrar com Göring, que era notório por sua natureza implacável. Heinz, filho de Bomers, aceitou a ordem de ir à França somente depois que certas condições foram aceitas, dentre elas que ele não seria pago e outra que ele tivesse autoridade para intervir se visse as tropas ocupantes agindo com brutalidade.

Porém, nem todos os habitantes de Bordeaux lhe deram as boas-vindas no retorno. Alguns se ressentiam do poder que ele agora exercia sobre a população e observou que eles tinham pouca escolha a não ser vender aos alemães, já que os mercados britânico e americano não estavam mais abertos a eles. Ou seria isso, ou poderiam despejar sua produção no rio, como lembrou um produtor descontente. No entanto, um produtor de vinho tinha pouco a reclamar quando Bomers ofereceu-se para livrá-los dos grandes estoques de baixa qualidade que ele sabia que os consumidores alemães não conseguiriam diferenciar dos melhores vinhos franceses. Em outra ocasião, Bomers poupou várias caixas de Château Mouton Rothschild ao aconselhar o produtor francês a colar o prestigiado rótulo em garrafas de vinho ordinário e enviá-las para Berlim.

Ironicamente, os alemães não lucraram com seu monopólio do mercado do vinho francês porque as colheitas de 1939–41 foram particularmente ruins. O clima foi o principal culpado, mas mesmo que a safra tivesse sido boa, não haveria mão de obra para colher muita coisa, pois os jovens franceses fisicamente capazes haviam sido detidos com o resto do exército aniquilado. As uvas não amadurecidas ainda poderiam ser usadas se lhes fosse adicionado açúcar para aumentar o teor alcoólico, mas a guerra havia provocado escassez de açúcar. O vinho também não poderia ser clarificado para remover as partículas que o turvavam já que isso era tradicionalmente feito com claras de ovos, tão escassas quanto o açúcar.

Muito do vinho de 1940, o ano da *blitzkrieg* de Hitler, foi tão ruim que os produtores franceses o derramaram no chão. Parecia que havia algo de verdade no velho adágio, afinal. Quando os alemães foram expulsos em 1944, e a França foi liberta, as vinhas produziram uma safra generosa. Foi um ano bom tanto para a França como para o vinho francês.

> "Foi o regime de Hitler, a política de Hitler, o governo pela força de Hitler, a vitória de Hitler e a derrota de Hitler – nada mais."
> Hans Frank, em Nuremberg, 1946

FONTES

As mulheres de Hitler ["Hitler's Women"] (2001, Channel 4).

GÓRECKI, Henryk. *The Symphony of Sorrowful Songs.* Voiceprint, 2007 ["A sinfonia das canções tristes"].

NORTON, Rictor (org.). "One day they were simply gone". *The Nazi Persecution of Homosexuals*, 21 Dez. 1999, Atualizado em 10 Ago. 2010. Disponível em: <http:// rictornorton.co.uk/nazi.htm>

The Spectator, 23 fev. 1940

www.alphahistory.com

www.en.wikipedia.org

www.fold3.com

www.history.ac.uk

www.jewishvirtuallibrary.org

www.nizkor.org

www.spartacus.schoolnet.co.uk

www.spiegel.de

www.usmbooks.com

REFERÊNCIAS BIBLIOGRÁFICAS

DELARUE, Jacques. *Trafics et Crimes sous l'Occupation*. Paris: Fayard, 1993.

EVANS, Richard J.. *Terceiro Reich no poder*. São Paulo: Crítica, 2017. [Ed. original: *The Third Reich in Power*. Londres: Penguin, 2006.]

FEST, Joachim. *Hitler*. Rio de Janeiro: Nova Fronteira, 2017. [Ed. original: *Hitler*. Londres: Vintage Books, 1975.]

FROMM, Bella. *Blood and Banquets*. Nova York: Citadel Press, 1998.

HEIDEN, Konrad. *The Fuhrer*. Londres: Robinson Publishing, 1999.

HESTON, Renate; HESTON, Leonard. *The Medical Casebook of Adolf Hitler: His Illnesses, Doctors and Drugs*. Nova York: Harper Collins, 1979.

HITLER, Adolf. *Minha luta*. São Paulo: Geração Editorial, 2016. [Ed. original: *Mein Kampf*. Munich, 2016.]

IGRA, Samuel. *Germany's National Vice*. Editora desconhecida, 1945.

KATCHER, Liselotte. *Hitler's Women*. Channel 4, 2001.

KLADSTRUP, Donald; KLADSTRUP, Petie. *Vinho e guerra: os franceses, os nazistas e a batalha pelo maior tesouro da França*. Rio de Janeiro: Zahar,

2002. [Ed. original: *Wine and War: The French, the Nazis and France's Greatest Treasure*. Londres: Hodder, 2002.]

KNOPP, Guido. *Soldados de Hitler*. Rio de Janeiro: Zahar, 2009. [Ed. original: *Hitler's Henchmen*. Stroud: Sutton Publishing, 2000.]

______. *Hitler's Women*. Stroud: History Press, 2006.

KRUGER, Horst. *A Crack in the Wall*. Nova York: Fromm International, 1986.

KUBIZEK, August. *The Young Hitler I Knew: The Memoirs of Hitler's Childhood Friend*. Londres: Greenhill Books, 2006.

LANGER, Walter C.. *The Mind of Adolf Hitler*. Londres: Pan Macmillan, 1974.

LIVELY, Scott. *The Militant Homosexual Core of The National Socialist Party*. Leadership University, 1996.

LUTHY, Herbert. "Der Führer Persönlich". *Der Monat*, n. 62, 1953.

MOORHOUSE, Roger. *Berlin at War: Life and Death in Hitler's Capital*. Londres: Vintage, 2011.

MORGAN, Patrick. *Hitler's Henchmen*. Demand Digital Publishing, 2014.

PETROPOULOS, Jonathan. *Art as Politics in the Third Reich*. Chapel Hill: University of North Carolina Press, 1999.

RAUSCHNING, Hermann. *Germany's Revolution of Destruction*. Londres: Heinemann 1939.

RECTOR, Frank. *The Nazi Extermination of Homosexuals*. Nova York: Stein and Day, 1981.

REES, Laurence. *Auschwitz: The Nazis & The 'Final Solution'*. Londres: BBC Books, 2005.

RIGG, Bryan Mark. *Os soldados judeus de Hitler*. Rio de Janeiro: Imago, 2003. [Ed. original: *Hitler's Jewish Soldiers*. Lawrence: University Press of Kansas, 2002.]

ROLAND, Paul. *Uma Nova História de Hitler e dos Nazistas: O pesadelo da ascensão e a queda de Adolf Hitler*. São Paulo: M.Books, 2017. [Ed. original: *Illustrated History of the Nazis – The Rise and Fall of the Third Reich*. Londres: Arcturus/Capella, 2009.]

______. *Nazi Files: Todos os Homens do Terceiro Reich – Histórias e Segredos Revelados.* São Paulo: M.Books, 2016. [Ed. original: *The Nazi Files: Chilling Case Studies of the Perverted Personalities Behind the Third Reich.* Londres: Arcturus, 2014.]

SEWARD, Desmond. *Napoleon and Hitler: A Comparative Biography.* Nova York: Viking Press, 1989.

SHIRER, William L.. *Ascensão e queda do Terceiro Reich.* Rio de Janeiro: Nova Fronteira, 2017. [Ed. original: *The Rise and Fall of the Third Reich.* Londres: Arrow, 1991.]

SNYDER, Louis L.. *Encyclopedia of the Third Reich.* Saint Paul: Paragon House, 1989.

______. *Hitler's Henchmen: The Nazis who shaped the Third Reich.* Exeter: David and Charles, 2005.

SPEER, Albert. *Por Dentro do III Reich.* São Paulo: Círculo do Livro, 1976. [Ed. original: *Inside the Third Reich.* Londres: Weidenfeld & Nicolson, 2009.]

STRASSER, Otto. *The Gangsters Around Hitler.* Londres: W. H. Allen, 1942.

TABER, George M.. *Chasing Gold: The Incredible Story of How the Nazis Stole Europe's Bullion.* Nova York: Pegasus Books, 2014.

TAYLOR, Fred. *The Goebbels Diaries: 1939–1941.* Nova York: G.P. Putnam's Sons, 1983.

VAN CAPELLE, Henk. *Hitler's Henchmen.* Nova York: Gallery Books, 1990.

WAITE, Robert G.. *The Psychopathic God: Adolf Hitler.* Nova York: Signet Books, 1977.

WACHSMANN, Nikolaus. *KL: A History of the Nazi Concentration Camps.* Londres: Abacus, 2016.

WRIGHT, Gordon. *The Ordeal of Total War.* Long Grove: Waveland PR Inc., 1997.

ÍNDICE REMISSIVO

Ahe, Gerhard von der 133

Alemanha Nazista

- fraude eleitoral na 184-186
- dois pesos e duas medidas na 54-56
- uso de drogas na 34-47
- finanças da 189-195
- homossexualidade na 54-57
- lei e ordem na 177-179
- lazer na 172-176
- natureza da 13, 15-16
- disputas de poder na 64-67
- pequenas empresas na 176-177
- apoio a Hitler na 164-167, 182-183
- comércio com a 188
- mulheres na 167-170
- condições de trabalho na 170-172

Amann, Max		49, 75
Art as Politics in the Third Reich (Petropoulos)		148
Áustria		
	Anschluss (anexação)	186
	ativos tomados	186-187
Baarova, Lida		74-75
Banco de Pagamentos Internacionais (BIS)		189-190
Behrens, Manja		106
Bielenberg, Peter		184
Bloch, Ernst		160-161
Blomberg, Werner von		83-84, 150, 193
Bomers, Heinz		228-229
Bormann, Gerda		106-107
Bormann, Martin		
	ataca o cristianismo	106
	e o Comitê de Três	110-113
	descrição de	10, 103-106
	no fim da guerra	98-99
	casamento com Gerda Bormann	106-108
	e Heinrich Hoffmann	108-109
	como secretário particular de Hitler	103, 110
	disputas de poder	108-113
	relacionamento com Goebbels	105, 111-112
	relacionamento com Göring	104, 111-112
	relacionamento com Himmler	104-105
	relacionamento com Hitler	103-106, 108-112

	relacionamento com Speer	104, 111-113
	substitui Hess	103, 110
	arquivos secretos sobre	150-151
Brandt, Karl		42-44
Braun, Eva		
	e o uso de drogas de Hitler	42
	como instrumento de propaganda política	33
	relacionamento com Hitler	54
	tentativas de suicídio	29
Breker, Arno		148, 215-216
Broken Jug, The [Filme: "O jarro quebrado"]		105
Brüning, Chanceler		69
Burckhardt, Carl		89
Canaris, Almirante		150, 160
Carinhall		86-89, 93, 97
carros da Volkswagen		175-176
casa de maternidade Lebensborn		131
Çastelo de Wewelsburg		130, 141-145
Chamberlain, Neville		91
Chasing Gold (Taber)		192, 194
Churchill, Winston		91
Comitê de Três		110-113
Conti, Leonardo		37
Coulondre, Robert		83
Czerny, Josef		50
D-IX		37
Daladier, Edouard		223
Darré, Richard Walther		117

Der Angriff [Jornal: "O ataque"]		77
Der Stürmer [Jornal: "O tempestuoso"]		55
Dettmann, Ludwig		215-216
Diebitsch, Professor		147
Diels, Rudolf		24
DNB		79
Dodd, William		189
Drexler, Anton		27
Drouhin, Maurice		224
Eberle, Henrik		47
Eduardo VIII, Rei		125
Eichmann, Adolf		16
Eicke, Theodor		204-206
Epenstein, Hermann von		86
Ernst, Karl		26
Esser, Hermann		100
Evers, Dietrich		74
Fest, Joachim		21, 50-51, 140, 163
Förster, Helmuth		84
França		
	roubo de champanhe da	225-227
	Vichy	218-219
	roubo de vinho da	221-224
François-Poncet, André		83-84
Frank, Brigitte		154-156
Frank, Hans		228-229
	roubo de obras de arte	154-156
	descrição de	10 até 11
	no fim da guerra	155-156

	inquérito sobre as origens de Hitler	151-153
	como governador-geral da Polônia	153-154
	e Niklas Frank	156-161
	relacionamento com Himmler	155-156
Frank, Niklas		156-161
Frick, Wilhelm		64-65
Fritsch, Werner von		150
Fromm, Bella		32
Funk, Walther		202-203
Gabinete Central de Segurança do Reich (RSHA)		58
Galeazzo, Conde		59-61
Goebbels, Joseph		
	antissemitismo	76-78
	e a fraude eleitoral	184
	e a exposição de arte degenerada	214-216
	descrição de	7
	dois pesos e duas medidas	54-56
	e Hildebrand Gurlitt	216-217
	estilo de vida de	72-73
	e a Noite das Facas Longas	17-18
	opinião sobre Hess	100, 102-103
	oposição a Hitler	67-69
	personalidade	71-72
	visão popular de	73-74
	e as disputas de poder	64-67, 75-77

	habilidades de propaganda política	77-82
	relacionamento com Bormann	104-105, 111-112
	relacionamento com Göring	1, 66-67, 72-73, 82, 111-112
	relacionamento com Himmler	72-76, 129-130
	sobre Ribbentrop	121-122
	sobre Rosenberg	116-117
	seduzindo mulheres	70-71
	apoio a Hitler	68-70, 75-77
	objetivos de guerra	81-82, 90-91
Goeth, Amon		203-204
Goldberg, Werner		161
Górecki, Henryk		200-201
Göring, Emmy		213
Göring, Hermann		
	roubo de obras de arte	54-55, 88, 97-98, 209-213
	suborno	93-94
	em Carinhall	86-89, 93, 97-98
	descrição de	12-13, 82-84
	uso de drogas	84-85
	no fim da guerra	98-99
	vida pregressa de	85-86
	e a Solução Final	208
	e o Plano de Quatro Anos	192-194
	e o uso de drogas de Hitler	44
	e os soldados judeus	158
	estilo de vida de	86-90, 93-94
	e as disputas de poder	64-67

	relacionamento com Bormann	98-99, 103-104, 111-112
	relacionamento com Goebbels	7, 67, 75-77, 82, 111-112
	relacionamento com Hess	100
	relacionamento com Himmler	129
	relacionamento com Hitler	84-86, 90-92, 94-99, 101
	relacionamento com Rosenberg	119
	objetivos de guerra	90-92
	roubo de vinho	225-227
	comércio do vinho	25
Grauel, Anton		146
Gruber, Max		139
Gundolf, Friedrich		76
Gurlitt, Hildebrand		216-218
Gutmann, Herbert		124
Hácha, Emil		47
Hanfstaengl, Ernst		30-31
Harrer, Karl		27
Hase, Dr.		42
Hasselbach, Dr.		42
Hassell, Ulrich von		89
Hauschild, Fritz		35
Haushofer, Karl		49-50, 101
Heiden, Konrad		30
Heines, Edmund		26
Hess, Rudolf		
	voo à Grã-Bretanha	101-103

e *Minha luta*	48-52
e as disputas de poder	65
relacionamento com Hitler	24, 100-101
Heston, Leonard	46-47
Heston, Renate	46
Heyde, Werner	205
Heydrich, Lina	134
Heydrich, Reinhard	
morte de	151
descrição de	11-12
e as disputas de poder	66-67
relacionamento com Himmler	149-150
e Salon Kitty	58-59
arquivos secretos	148, 150-151
Hiedler, Johann	152-153
Himmler, Heinrich	18
obras de arte compradas	146-148
ataca o cristianismo	131-132
personalidade de	140-141
descrição de	11, 126-128
descolamento da realidade	135-137
vida pregressa de	128-129
e a Solução Final	198, 202-203, 206-207
homossexualidade	25, 58
casamento com Margarete	131-132
crenças místicas	135-137, 145-146
e as disputas de poder	64-66
teorias raciais de	130-131, 137-139, 142-143

relacionamento com Bormann	104-105
relação com Frank	154-156
relacionamento com Goebbels	71-75, 129-130
relacionamento com Göring	128-129
relacionamento com Heydrich	148-150
relacionamento com Hitler	140-141
relacionamento com Rosenberg	119
relacionamento com Speer	114-115, 126-128, 137
e Salon Kitty	57-61
arquivos secretos sobre	150-151
e a SS	12, 129-131, 137-139
visões sobre as mulheres	137-139
e o castelo de Wewelsburg	130, 141-146
Himmler, Margarete	131-136, 138
Hindenburg, Oscar von	95
Hindenburg, Paul von	182
Hitler, Adolf	
antissemitismo	21-22
assexualidade	32
ostentação de sucessos	185-186
e a exposição de arte degenerada	214-216
uso de drogas	38-48
vida pregressa de	19-23, 39-40
inquérito sobre as origens	152
e Eva Braun	54

fracassos de	13
e as finanças da Alemanha Nazista	189-191
e o Plano de Quatro Anos	198
e Geli Raubal	30-32
e o Partido dos Trabalhadores Alemães	26-27
e o voo de Hess à Grã-Bretanha	101-102
homossexualidade	23-25
hipocondria	39-40
doenças	42-48
impotência	32
e os soldados judeus	158-161
e a Kristallnacht (a Noite dos Cristais)	76
e *Minha luta*	48-54
e a Noite das Facas Longas	17
culto à personalidade de	18-23
e as disputas de poder	63-67
e a propaganda política	79-80
características raciais	139-140
relacionamento com Bormann	103-105, 108-109, 112-113
relacionamento com Göring	84-86, 90-99, 101
relacionamento com Goebbels	9, 67-70, 75-79
relacionamento com Hess	24, 100-101
relacionamento com Himmler	140-141

	relacionamento com Von Ribbentrop	122-123
	relacionamento com Rosenberg	10, 116-118
	relacionamento com Röhm	17-18, 22-24
	relacionamento com Speer	113-115
	relacionamentos com as mulheres	29-30
	e Salon Kitty	54
	arquivos secretos sobre	150-151
	toma o poder	181-183
	temperamento de	19-22
	e Theodor Morell	39-45
	visões sobre as mulheres	169-170
	objetivos de guerra	81-82, 90-92
	roubo de vinho	221-223
Hitler, Alois		153
Hitler, Klara		39
Hitler, Paula		39
Hoess, Hedwig		196
Hoess, Inge-Birgitt		196
Hoess, Rudolf		16, 195-196, 206
Hoffmann, Heinrich		39, 108-109
homossexualidade		
	e Adolf Hitler	23-25
	e Ernst Röhm	26-27
	e Heinrich Himmler	25
	na Alemanha Nazista	56-57

Huliciusova, Josefa 58
Igra, Samuel 23
Jackson, Robert H. 117-118
Jacobs, Otto 74
Janke, Else 76
Jannings, Emil 105
Jansten, Stefanie 29
Jud Süss [Filme: "Süs, o judeu"] 79
Junge, Traudl 75
Kaltenbrunner, Ernst 196
Kantzow, Carin von 84
Keitel, Wilhelm 110-111, 158
Kennedy, Joseph 120
KL: A History of the Nazi Concentration Camps (Wachsmann) 201, 203
Klaebisch, Otto 228
Klemperer, Victor 74
Knopp, Guido 126
Koch, Dr. 42
Koerber, Victor von 53-54
Korner, Hans Joachim 160
Krebs, Albert 140
Kristallnacht (Noite dos Cristais) 76, 206
Krüger, Frau 164-165, 167
Krüger, Horst 165
Kubizek, August 20, 22, 33
Kudlich, Werner 155
Lammers, Hans 110
Langer, Walter 23
Lanzinger, Hubert 167

Laqueur, Thomas	205
Ley, Robert	124
Liebenfels, Lanz von	136, 139-140
Linge, Heinz	102
List, Guido von	136, 139-140
Lohbeck, Hans	146
Löwen, Heinz	160
Ludendorff, General	49
Mann, Thomas	63
March, Werner	87
Medical Casebook of Adolf Hitler: his illnesses, doctors and drugs, The (Heston & Heston)	46
Meegeren, Han van	148
Mefo	192
Melmer, Vruno	202
Mend, Hans	24
Mitford, Unity	29
Michael (Goebbels)	77
Milch, Erhard	93, 158
Minha luta (Hitler)	21, 27-28, 48-49, 51-53, 116
Morell, Theodor	39-47
Mühlmann, Kajetan	154
Müller, Renate	29
Munich Playground (Pope)	55-56
Mussolini, Benito	60, 126
Myth of the 20th Century, The (Rosenberg)	116
Nazi Extermination of Homosexuals, The (Rector)	26
Neudegg, Classen von	56
Neumann, Professor	47

Neurath, Konstantin von	122-123
Noite das Facas Longas	12, 17, 30, 66, 68, 83, 104, 152, 204
Nonancourt, Bernard de	226
Nordau, Max	214
obras de arte	146-148
compradas por Himmler	
e a conquista da Europa	210-213
e a exposição de arte degenerada	214-216
e Hildebrand Gurlitt	216-218
roubo de, por Frank	154-156
roubo de, por Göring	54-56, 88, 96-98, 209-212
roubo de, por Rosenberg	118
Osten, Lina von	149
Palezieux, Ernst de	155
Pant, Johann	32
Papen, Franz von	123
Partido dos Trabalhadores Alemães	27-29, 151-152
Pervitin	35-38
Pétain, Henri	218
Peterson, Wilhelm	147
Petropoulos, Jonathan	148
Pohl, Oswald	114, 196-197
Pope, Ernst	55
Por Dentro do III Reich (Speer)	42
Posse, Hans	147
Potthast, Hedwig	131, 136
prostituição	12, 54-61
Protocolos dos sábios de Sião, Os	117

Puhl, Emil	191
Raeder, Erich	158
Ranke, Otto	35-36
Rascher, Karoline "Nini"	135
Rascher, Sigmund	135
Raubal, Geli	30-32
Reitor, Frank	26
Reemstma, Philipp	94
Rees, Laurence	208
Reiter, Maria	29
Ribbentrop, Joachim von	65-67, 91-92, 99
antissemitismo	124-126
presunção de	121-124
como ministro das Relações Exteriores	122-123
incompetência de	120-121
ofende os britânicos	124-126
relacionamento com Hitler	122-123
Ribbentrop, Rudolf von	12
Rigg, Bryan	167
Richthofen, Barão von	85
Röhm, Ernst	
antipatia de Göring por	12
homossexualidade	24-25
e a Noite das Facas Longas	17, 104, 127-129, 167, 204
relacionamento com Himmler	128
relacionamento com Hitler	22-29

Rosenberg, Alfred
antissemitismo 117-118
roubo de obras de arte 118-119
e Bormann 110
descrição de 10
teorias raciais de 117-118
como ministro do Reich 118-120
relacionamento com Göring 119
relacionamento com Himmler 119
relacionamento com Hitler 10, 116-118
Rosenberg, Paul 217
roubo de champanhe 225-227
SA
uso de Goebbels da 77-78
aversão de Göring a 12
homossexualidade na 24, 104
e a Noite das Facas Longas 128-129, 166
e a ascensão de Hitler 27-28
Salon Kitty 12, 54, 57-58, 60-61
Sangue e terra 117
Sauckel, Fritz 99, 119
Schacht, Hjalmar 73, 83, 99
como ministro das Finanças 189-193
Schellenberg, Walter 59
Schicklgruber, Maria Anna 152
Schirach, Baldur von 24, 27, 109, 133, 140
Schirach, Henriette von 109
Schmidt, Helmut 159

Schmidt, Kitty	57-61
Schneerson, Rebe Menachem Mendel	160
Schwarz, Franz	30, 122
Segnitz, Adolphe	228
Seward, Desmond	23
Shirer, William L.	173
Soldados judeus de Hitler, Os (Rigg)	158-159
Solução Final, A	
o negócio da	202-203, 208
corrupção nos campos	203-205
e as câmaras de gás	205-206
lógica da	198-201
incentivos aos prisioneiros	206-208
processo da	199-201
e Rudolf Hoess	195-198
Sonnemann, Emma	87
Spectator, The	64-65
Speer, Albert	
como Ministro do Armamento	92, 113, 188
e o uso de drogas de Hitler	40-45
e a hipocondria de Hitler	40
melhorando as condições de trabalho	174
e a propaganda nazista	79
disputas de poder	113-115
relacionamento com Bormann	104, 111-112
relacionamento com Göring	226-227

relacionamento com Himmler	115, 126, 136
relacionamento com Hitler	113-115
Spitzy, Reinhard	100
SS	
e a Solução Final	195, 198, 208
sob Himmler	11, 126-133, 137-139
homossexualidade na	54-56
e a Noite das Facas Longas	12
no castelo de Wewelsburg	141-145
Stangl, Franz	208
Stempfle, Bernhard	30, 50
Stocker, Wilhelm	31
Strasser, Gregor	67-69, 116, 171
morte de	127-128
relacionamento com Himmler	127-128
Strasser, Otto	31, 101
Streicher, Julius	55, 99
Programa Força pela Alegria	172-176
Suñer, Ramón Serrano	60
Taber, George M.	192, 194
Terrail, André	224
Terrail, Claude	224
Thomas, General	193
Thorak, Josef	215
Thyssen, Fritz	94
Todt, Fritz	113
Udet, Ernst	92

UFA 40, 72, 79
uso de drogas
no Exército 35-39
e Göring 84-85
e Hitler 39-48
na Alemanha Nazista 33-38
Vahrenkamp, Wilhelm 146-147
Valland, Rose 212
Vichy, França 218
Wachsmann, Nikolaus 201, 203
Waldberg, Max 76
Weber, Christian 55
Weber, Thomas 53
Wertheim, Franz 36
Wessel, Horst 56
Wiligut, Karl Maria 144
Wilson, Roger 61

TIPOGRAFIA GOTHAM E GARAMOND
PAPEL DE MIOLO HOLMEN BOOK 55 /m^2
PAPEL DE CAPA CARTÃO 250g/m^2
IMPRESSÃO IMPRENSA DA FÉ